かもめんたる岩崎う大のお笑いクロニクル

難しすぎる世界が僕を鬼才と呼ぶ

岩崎う大

扶桑社

まえがき

自分の「半生」を、自分で書いて、それが本になる人物は、人類の何パーセントぐらい、いるのでしょうか。
とても稀なことだと思います。

自分がとてもそれに相応しい人物などとは思っておらず、日本の芸能界における僕の特異なポジションは、僕という生命体のあがきの結果、なんとか存在している、わずかな「点」であると思っています。

しかし、その「点」が生まれるまでには経緯があって、その経緯、大袈裟に言うと、歴史というものは、他人様を惹きつける力があるとも思うのです。

というのも、「人は人のことを知りたい」という欲求が、エンタメの根源である、というのが僕の持論でありまして、嘘さえ書かなければ、自分の「半生」もきっとエンタメ的存在意義のある読みものになると気づきました。

また、特異な存在であるがゆえ、自分の半生を本にするという稀な体験に恵まれたのも、筋が通っているようで、自分で自分に「半生を書く」という許可を与えた次第であります。

自分のポジションを特異であると言っている一方で、自分は本当に普通の人間だとも思います。よく頭の中を見てみたいなどと言ってくれる人がいますが、「きっと見たらがっかりするでしょうね」という気持ちになってしまいます。それでも、少しでも自分の中にあるものを、価値があるように出力するよう努めているのが、現在の僕です。

自分に変なところがないとはもちろん思いません。しかし、多くの部分で普通だと思うのです。どうでしょう、こんな中途半端な状態こそ、まさに普通だと思いませんか？

これを読んでくれているみなさんも、きっと僕と同じで普通でしょう。

だから、僕が本文で書いていることには、すごく共感してもらえると思っています。お笑い芸人という職業を目指した、お笑いが好きな普通の人間の葛藤がたくさん描かれていると思います。

それと、実はこの本は職業体験の本でもあります。お笑い芸人という、しょっちゅう画面越しに見はするけれど、なかなかその実情を知る機会がない職種を疑似体験してもらえたら成功です。

そのために、楽しい思い出や、思い出したくもないような、辛く恥ずかしい過去の記憶を掘り起こし、書き出していくのは、ある種の催眠療法のような作業でした。

結果として、「人生で無駄なことなんてない」とか「すべては繋がっている」とか「失敗は成功のもと」など、これまた本当に普通のことをまっすぐ言えるようになってしまいました。

鬼才は「失敗は成功のもと」なんて口当たりのいいことは、言わないでしょう。

ああ、でも、「失敗は成功のもと」って言ったのは天才エジソンですね。

まぁ、エジソンは最初にそれを言ったからすごいんですよね。

うーむ。

そろそろ、本文を読んでもらいたくなってきちゃいました。

お願いできますか？

目次

まえがき 2

第1章　貝のような少年 9

悲しい真実を知った日、僕は笑った 10
人の失敗を笑うな？ 14
臆病な貝芸人 18
母と野グソとソープランドごっこ 22
長い（だけの）作文 26
としまえんに舞い降りたスター 30
悲しい笑いが好き 34
「弟子にしてくれ!!」 38
おもしろに開放的な土地 42

第2章　異国で抱いた夢 47

時代を早送りさせたダウンタウン 48
心のヒダを育てる 52
岩崎家、オーストラリアへ移住 56
オーストラリアの高校で、芸人になると決心 60

お笑い芸人を目指すための条件 64

第3章 芸人になる――69

その出会いは運命的だったのかもしれない 70
初めて観た生のお笑いライブ 74
初舞台というやつ 78
憧れの若手芸人になる 82
どうしてもプロになりたい 86
新しい波に乗れるのだろうか? 90
エースの脱退 94
好きなことは売れてから 98
解散へのカウントダウン 102

第4章 コント芸人のライセンス――107

NEW YORKと僕 108
劇団イワサキマキヲ 112
もう一度お笑いを 116
C-1グランプリ 120
コントも現実も甘くない 124
暗と明 128

代名詞になるようなコント 132
キングオブコント2009 136
半日遅れの悔し涙 140
コント師にとって夏の意味が変わってしまった 144

第5章 この世で一番ほしかったもの―― 148

かもめんたる誕生 150
まるで失敗の見本市 154
槙尾という、相方という存在 158
決勝メンバーへのジェラシー、そして夫婦喧嘩 162
逃げて逃げての果てに 166
初めて報われる 170
人生で一番幸せな瞬間 174
いざ夢の舞台へ……そこは天国か地獄か？ 178
チャンスのすぐそば 182
親と相方がスポンサー 186
再び夢の地へ 190
偶然ウケているわけじゃない 194
コントの神様に捧ぐ 198

第6章 王座からどん底へ―― 202

夢を叶え、僕は不幸になっていた 204
ただ沈んでいくだけ 208
劇団かもめたる誕生 212
再びの挑戦 216
かもめんたる史上最悪の夜 220
そこにもう愛はなかった 224

第7章 「鬼才」と呼ばれて ―― 228

人生の歯車は再び噛み合うのか? 230
お笑いのど真ん中じゃなくとも…… 234
岸田國士戯曲賞と僕 238
「キングオブコント大」と『M-1グランプリ』 242
かもめんたるのM-1ラストイヤー 246
ラストイヤーの大喧嘩 250
ラストイヤーの行方 254
笑いの原点と『キングオブコントの会』 258
人生の伏線回収 262
笑いながら笑いを創る世界へ 266

あとがき ―― 270

第1章　貝のような少年

悲しい真実を知った日、僕は笑った

僕ほど人によって認識が違う芸人もいないのではないだろうか。「かもめんたる」というコンビでは『キングオブコント2013』で優勝したが、その後テレビで活躍することができず、劇団を立ち上げたり、漫画や小説を描いたり、ドラマや舞台の脚本を書きつつ、『M-1グランプリ』に挑戦したり、賞レースのネタを寸評したり……。僕のことを尖ったアクの強いマニアック芸人と評する人もいれば、パンチのないおとなしい芸人だと評する人もいるはずだ。

なぜ僕はお笑い芸人になったのだろう。

動物で笑うのは唯一人間だけだと言うが、ならば「笑わせる動物」こそ唯一人間だけではなかろうか？　いや、よく考えたら、動物のおバカ映像を観て人間は笑ったりするので、これは成り立たない。ならば「笑わせることに快感を覚える動物は唯一人間だけだ」というのは、どうだろう？　これには、もはや「まぁ、そうだろうね」という感想しか出てこない。やはり「動物で笑うのは唯一人間だけだ」のほうがシンプルでインパクトがあっていい。

と、これだけのことでいろいろ考えてしまうのが僕の性格だ。僕は長男で、父親も長男だった。さらに僕は初孫で、そのおかげで母親からは「努力せずにまわりからチヤホヤされていたので、人に好かれる努力をしたことがなく、そのせいで可愛げがない」と言われていた。

「将来苦労するよ」という呪いのような母親の予言通り、芸人になった今も、そのせいでいまいちパッとしないのかもしれない。「う大君は本当に可愛げがないよね」とアンタッチャブルのザキヤマさんに言われたことがある。このときも「母からもよく言われます」と可愛げのない返ししかできなかった。「お前は人を怒らせる天才だ」と両親から言われたこともある。怒られているときに、すぐ口答えしていたからだ。芸人になって、作家さんにネタのダメ出しをもらうときも、「あぁ、俺この人を不快にしてるな」と思ったことが何度もある。もらったダメ出しを反論もせずに、不採用にするのが不誠実だと感じて、つい「いや、でもそれだとボケの意図が変わってしまうと思うので」と反論してしまっていたのだ。もちろん場の空気は悪くなる。

自分でも、やっかいな性格に生まれてしまったと思う。

恥ずかしがり屋で人見知りな子供だった。「この子、恥ずかしがり屋なんで、ごめんなさい」と母が謝ってる姿をよく見た。このときに僕はきまって「バカだなぁ。恥ずかしがり屋だなんて紹介されたら、もうその後、自分を出せないじゃないか。恥ずかしがり屋の皮を脱ぐところなんて、恥ずかしがり屋が一番見られたくない瞬間なのに……」と、さらに自分という穴の奥に引っ込んでしまうのだった。

そんな性格だから、人を笑わせることができる人間に憧れた……というわけでもない。

初めて好きになったお笑い番組は『8時だョ！全員集合』だった。大掛かりなセットで繰り広げられるドタバタが大好きで、毎週胸を躍らせて観ていた。ベタに加藤茶さんと志村けんさんが大好きだったが、二人のようになりたいという気持ちは特に芽生えなかった。芸人という仕事があるという認識もなく、この大人たちは、こうやってふざけるのが好きで週末に集まっているんだという認識だった。報酬は笑い声だけだと思っていた。

小学校3年生の頃、通学路に新聞の販売所があって、そこに志村けんさんにそっくりなお兄さんがいて、気さくに挨拶をしてくれていた。「あれ、本物の志村けんらしいよ」という噂が立つと、すぐに僕は「なるほど、志村けんは普段は新聞を配る仕事をしてるんだ」と納得し、自分の身近にあの「志村けん」がいるということに大興奮した。そのお兄さんは実際おもしろい人で、集まってくる子供たちを笑わせていた。子供ながらに、「志村けん」ということがまわりの人にバレたらいけないんだろうなと思って、僕たちは表立って「志村けん」というワードを言わないようにした。

あるとき、人がいない頃合いを見計らって、友達と一緒に「本当に志村けんなの？」と聞いたことがあった。するとそのお兄さんは「どうだろうね」と笑った。僕たちにとってそれは「ＹＥＳ」と同じことだった。

それから僕は、テレビの中の志村さんを食い入るように観るようになった。テレビの中の志村さんは、新聞販売所にいるときと少し違った。髪の量が若干少ない気がした。それでも、テレビに映るとちょっと違って見えるんだろうと納得していた。

秘密を抱えきれなくなった僕は、「通学路に志村けんがいる」と両親に告げたが、「そんなわけない」と返された。まもなく友達の間で「あれは本物の志村けんじゃない」という真実の情報が流れ始めた。僕は、あのお兄さんが「志村けん」じゃないという現実はいやだったし、お兄さんの「どうだろうね」という返事を信じて、「あれは本物の志村けんだ」という立場を取っていた。

しかし、テレビの志村さんを一生懸命に見れば見るほど、「どうやら違うぞ」と認識できるようになってきた。さらに、そのお兄さんがサービスで志村けんさんぽいことをすればするほど、「どうやら違うぞ」と僕の中で寂しい気持ちが広がっていった。

そして、ある日の下校中、女子に囲まれたお兄さんが、「志村けんなの？」という質問に対して、上機嫌に「どうだろうね」と返しているのを目撃した。不思議なことに僕はこのとき、すごく自然に「嘘つけよ」と心の中でつぶやいていた。

みんなが言う通り、志村けんは僕の通学路にいなかった。けれど、すべてを理解した僕は笑っていた。志村けんはいないが、代わりに「変なお兄さん」が僕の通学路にはいた。それが純粋におもしろかった。

立川談志師匠は「落語は人間の業の肯定である」と言った。

あのお兄さんはちやほやされたくて、志村けんのふりをしていたのだ。良心の呵責から、「本当に志村けん？」という質問には「どうだろうね」とはぐらかせていたのだ。

それ以降、テレビで観る志村さんは、前よりもキラキラと輝いて見えた。あのお兄さんとは似て非なるものだった。テレビで人を笑わせている人はスターなんだと、そんな意識が僕の中に植え付けられた。テレビの世界と自分との距離を初めて認識した瞬間だった。
そんな僕がなぜ、自分もテレビの中のスターになりたいと思うようになったのだろう……。

人の失敗を笑うな？

僕はなぜお笑い芸人になったのだろうか。

最初に抱いた将来の夢はパイロットだった。パイロットという音の響きと、紺と白の制服に金のボタンがカッコいいと思ったのだ。もしかしたら母に勧められたのかもしれない。

3歳の頃だった。親戚の前で「パイロットになりたい」と発表したときの反応がすこぶる良かったのを覚えている。子供ながらに、将来の夢として「正解」を答えられている手応えがあった。それから祖母にいろんな人の前で夢を発表させられたが、大人たちの反応がうれしくて、祖母に導かれるまま「パイロット」と得意げに答えていた。

祖父母は当時には珍しくサウナを経営していたので、そこではいろんな人に会う機会があったのだが、段々とその場に僕の将来の夢を知っている人が多くなった。ほどなくして、すでに僕が「パイロットになりたい」と発表することを知っている人間の前で「パイロット」という言葉を発語するのが、とてつもなく恥ずかしくなった。あんなにカッコいいと思っていた「パイロット」という響きが、急に間抜けな音に感じられるようになったのだ。さらに、誰かが披露した「うーちゃんはすごいね〜。うちの孫なんか、『ウルトラマンになりたい』って言ってるよ」という笑い話に触れ、なおさら自分が間抜けな存在に思えた。

そうなると自意識の暴走は止まらず、3歳でパイロットになりたいと言っている滑稽さと、ウルトラマンになりたいと言っている滑稽さでは、パイロットになりたいと言っている滑稽さのほうが質《たち》が悪いんじゃないかと思うようになった。後者には清々しい愚かさがあった。無邪気に「ウルトラマンになりたい」と言って笑ってもらえる子供でありたかったという意識がハッキリと芽生えた。

その頃、祖母と二人で、祖母の弟の一人に会いに行った。そのおじさんは痩せた人で、食材店をオープンした直後だった。祖母とおじさんが小さな店先で話をしている最中、おじさんがずっと震えているのが気になった。寒い冬の日だったので、仕方のないことと思いつつも、震えながら大きな目を潤ませてしゃべるおじさんがすごく奇妙に見えた。帰り道、「あの人になんかお祝いをあげないとねぇ」と祖母が言うので、僕は「コートをあげたらいいと思うよ。ずっと震えてたから」と返すと、祖母が涙を流すぐらい笑ってくれた。「よく見てるね、うーちゃんは」と大笑いする祖母を見て、すごくうれしかったのを覚えている。

小学校に上がって、初めての担任はとてもおもしろい男の先生だった。僕は席が最前列になったタイミングで、この先生に見初められ、クラスのおもしろい生徒になった。先生と具体的にどんなやりとりをしたかはほとんど覚えていないのだが、授業中、先生に指されると、なるべくおもしろいことを答えてやろうと頑張っていた記憶がある。

一度、先生がクラス全員を登場させた創作話をしてくれたことがあった。話の内容は忘れてしまったが、教室は大爆笑の連続で、僕も自転車に轢かれ顔にタイヤの跡ができるドジな泥棒として登場し、それまで体験したことのない種類の興奮を覚えた。先生はクラスのヒーローだった。

当時、全国の小学生を熱狂させていた伝説の番組があった。『風雲!たけし城』だ。今プライムビデオで令和版『風雲!たけし城』として復活している、あの番組だ。僕はこの番組が大好きだった。一般の参加者が体を張って関門を乗り越えていく、今で言う『SASUKE』からアスリート感を抜いた感じの番組で、子供の僕はこれを手に汗握り、時に大笑いしながら熱中していた。翌日には級友と、いかに昨日のたけし城がおもしろかったかを語り合う、その時間までを含めて「テレビって最高だ！」と思わせてくれる番組だった。しかし、社会現象にもなるほどのこの番組にケチをつけたのが、我らが担任の先生だった。

「あの番組は人が失敗するところを観て笑う番組だから観ちゃダメだ」と、先生ははっきり宣言した。あのときの衝撃は今も忘れられない。教室がシーンと静まり返って、先生は本気でそれを言っているのか？とうかがう空気が流れた。残念ながら先生の目は本気だった。

そのときの僕の正直な感想としては「ああ。この先生、本当はバカだったんだ」というものだった。まず、僕の中に「人の失敗を笑っている」という感覚がまったくなかったからだ。なんだったら自分もあの関門に挑戦して水に落ちて笑われたいという気持ちがあった。なんだったら、クラス全員であの関門に挑んで次々と水に落ちていってたり、泥だらけになったりした日には、笑いすぎて死んでしまうぞと夢想していたぐらいなのだ。逆に先生があの番組を「人の失敗を軸に観ている」のだとしたら怖い人だなと思った。

もちろん僕はそれからも『風雲！たけし城』を観続けるわけだが、先生の顔がちらつき、前ほど楽しめなくなったことに怒りが湧いた。放送翌日の感想会は、さすがになくなってしまった。

本当は大好きな先生を「バカだ」なんて切って捨てたくはなかったし、先生と一緒にあのおもしろさを共有できないことが本当に寂しかった。けれど、当時は自分の気持ちを先生に正確に伝える自信も勇気もなく、もやもやする気持ちだけが残った。

時は流れ、我が家では年末『ＳＡＳＵＫＥ』を観るのが至福の時間となっている。子供たちと一緒に

爆笑しながら『SASUKE』を観ていると、あのときのもやもやした気持ちがよみがえる。大人になった僕は、無様に水面に落下する挑戦者たちを観ては笑い、熱のこもった意気込みを発する挑戦者がまさかのタイミングで失敗するのを期待して、テレビ画面に向かって前のめりになっている。完全に「失敗を軸に観ている」自分がいる。先生の言っていた通りだった。

でも、一体それの何がいけないのだろう。カッコつけた意気込みを吐いて、その伏線を回収するように落ちていく彼らは立派なコメディアンとも言える。最高にカッコ悪くて、カッコいいじゃないか。彼らは落下していくが、そこには笑いというセーフティネットがたしかにある。大いに笑ってあげるのが礼儀だ。そんな僕の常識はズレているのだろうか。

もし時間が戻せるのなら、先生に伝えたい。「先生の創作話に、僕を自転車に轢かれるドジな泥棒として登場させてくれたこと、本当にうれしかった」と。失敗を笑うことはそんなに悪いことじゃない。

臆病な貝芸人

僕はなぜお笑い芸人になったのだろうか。

子供の頃から恥ずかしがり屋な性格だった。けれど、一方で人を笑わせるのが好きだったのも確かだ。この一見相反する症状が自然と共存するのを自分事のように理解できる人もいれば、まったく理解できない人もいると思う。

物心ついた頃から、よく母親に「お前は内弁慶だ」と言われた。僕は、この「内弁慶」という表現が大嫌いだった。弁慶の泣き所という言葉をその前に教えてもらう機会があったので、弁慶という強いお侍さんの存在も知っていた。「内弁慶」という言葉を母に皮肉たっぷりに説明されながら、頭の中にありありと自分が弁慶の格好をして、凜々しい顔をしている映像が浮かんできた。なんとも、いやな表現だなぁと思った。

とはいえ、そんな自分を変えることはできなかった。

芸人とは、繊細さと大胆さを併せ持った生き物だと思う。これは芸人に限らず、あらゆるエンターテイナーにいえることでもあろう。繊細さがなければ、自分の経験を適度に発酵させ、人に見せられる商品にすることはできないし、大胆さがなければ、それを出力することができない。

そういう人間は、高確率で内弁慶だったはずであるし、そもそも子供なんて内弁慶で当たり前な気がする。弁慶でいられる場の単位が、家族なのか、友達同士なのか、クラスなのか、学年なのか、それとも鏡の前でだけなのか、そんな違いだと思う。

僕の場合、成長に伴い、弁慶になれる場はクラス単位までは広がったが、思春期には再び友達同士に縮小した。極々普通の人間だったとも言える。

しかし、その弁慶ぶりがいささか普通でなかったかもしれない。

4歳ぐらいの頃だったと思う。僕の祖母はよくオナラをしては、笑う人だった。あるとき、漂ってきた匂いに対して「くさい！」と騒ぐと、まわりにいた親戚が笑ってくれた。それから、祖母のオナラ待ちをしている自分がいた。だが、そんなにうまく匂いが流れてこず、嗅いでもないのに「くさい！」とやってもそんなにウケることはなく、「ウソ！」と祖母からあしらわれた。

幼い頭で考えた末、祖母がオナラをすると、尻に向かっていって嗅ぐようになった。自分から嗅ぎにいくという行為は、もう笑いの構造でいったら滅茶苦茶なわけだが、オナラを嗅ぎにいくという行為自体がウケた。味をしめた僕は、祖母がオナラをすると彼女の尻にかじりつくようになるわけだが、そこにはリアクションで笑いをとるよりも、自分の力で笑いを起こしているという手応えがあった。若い叔母から「本当に気持ち悪いからやめて」と、真面目なトーンで言われるまで、その行為は続いた。

当時、もうひとつ言われていた嫌な言葉が「負けず嫌い」だった。これも今に続く僕の性格だ。「本当に負けず嫌いなんだから」と母からよくなじられた。「負けず嫌いの内弁慶」はまったく素敵じゃないと子供心に悩んだ。

今となれば、負けず嫌いだからこそ、成果が出るのかもわからない努力ができるし、冷静とは思えないしがみつきを行うのであって、この性格がなかったら芸人なんてとっくに辞めていたと思う。

しかし、その負けず嫌いぶりが、いささか普通でなかったかもしれない。

小学校4年生の頃、友人の一人に犬のフンを触れる少年がいた。僕は初めてその行為を見たとき、度肝を抜かれた。通学路だった。なんで彼が犬のフンを触っているのかわからなかった。触る理由がわからなかった。親指と人差し指で、焼きタラコでも摑んでるぐらいの感覚で彼は犬のフンを持ち上げ、「すげえだろ」と笑っていた。たしかにすごかった。すごさしかなかった。そのとき、僕のリアクションが良かったのか、彼はよくその芸を見せてくれた。そのうち、観客に甘んじている自分が許せなくなった。このまま負けてはいられない。ほどなくして僕も犬のフンをつまみ上げていた。

あるとき、母と歩いていると、つぶれて乾いた犬のフンが落ちていた。「俺、犬のフン触れるよ」と言うと、母は「うそつけ。じゃあ、触ってみなよ」と言うので、僕は意気揚々とそのつぶれたフンを人差し指で撫でた。フンの粉が舞った。そして思いっきり怒られたのを憶えている。

他にも、遠足中に転んで笑われている友達がいたら、僕は負けじと高いところから転がり落ちたり、給食のバナナを落っことして洗ったらドロドロになって「これじゃ食えないよ～」と笑いをとってる友達がいたら、そのバナナを奪って食べたり、水遊びしてびちょびちょになっている友達がいたら、それ以上にズブ濡れになって、パンツの中でオシッコをしたりした。思い返すと、今以上に笑いに対して貪欲だったかもしれない。

それでいて、学校以外の行事に参加したときは、貝のように静かにしていた。スポーツクラブのスキー教室に参加したときは、知っている人間がまわりに一人もいなかったので、もちろん貝になっていた。しかし、いろんな地方から来てる生徒たちを眺めながら「こんなにほっぺたが赤い奴いるんだぁ」とか「あの子はずっとしゃべってるけど、まわりに相手にされてないな」とか「子供のくせに、そんなに漬物食べるかね」と心の中でくすくす笑っていた。まさか貝がそんなことを考えているとは誰も思わなかっただろう。そして、実はずっと「誰かに話しかけてほしい」と願っていたとも。

このどうしようもない性格は今も変わっていない。お笑いライブの平場やバラエティ番組に呼ばれるときの自分は、まったくこのスキー教室のときと同じだ。根本的には変わっていない。貝になってしまっている。いつかは自分が内弁慶になれるテリトリーをそういう場にまで広げていきたいと思う。誰か勇気のある人にこじ開けてもらってもいい。貝の中身がとてもグロテスクなところをみんなに見てもらいたい。そんな願望もあるし、「貝ってこうやって泳ぐんですよ」と、貝殻がパカパカしているところを見てもらいたいという願望もないわけではない。

ただ、僕はとても臆病なのだ。

3泊4日のスキー教室の最終日は意外と楽しかった。少し話せる友達もできたし、あのままスキー教室が続けば、きっと弁慶になれていたと思う。「貝芸人が開くところ見せてやるよ！」と、いつか負けず嫌いの内弁慶が暴れ出すのを期待しているが、まだその気配はない。その時点で芸人失格、という正論が聞こえてきそうだ。

ああ、僕はなぜ芸人になったのだろう。

母と野グソとソープランドごっこ

変わり者だとよく言われる。遺伝子なのだろうか、環境なのだろうか。そう考えると、母の話を避けては通れない。

若いころの母は、本当に変わっていた。下ネタが異常に好きなのだ。僕が小学校に入って間もないころ、1年生の国語の教科書にライオンの挿絵があって、ある日、教科書を開くと、ライオンの鼻すじと上唇と髭を、陰茎と陰嚢と陰毛に利用した大人の男性器が落書きされていた。すぐに母のしわざだとはわかったが、なぜそんなことをしたのかはわからなかった。

それは、これまでの人生で見た男性器の落書きの中で一番リアルなもので、見た瞬間、これは絶対に誰にも見られちゃダメだと思い、ひたすら消しゴムで消した。そのため、最終的にライオンの顔がかなり薄くなってしまったのを憶えている。後日、母は自分の落書きが消されているのを見て、「消してんじゃん！」と言って、爆笑していた。

こんなこともあった。小3の頃、ファミコンの「アルカノイド」というブロック崩しゲームがあった。その中で、あるアイテムをゲットすると、自分が動かしている棒がぐいーんと伸びるのだが、その瞬間、母が後ろで「あ、勃起した」とボソッと言ってくるのだ。友達がいようとお構いなしだ。昭和だったから許されていたのだろうか。無垢な友達が母に「ボッキって何？」と聞くと、「先生に聞いてみな」と答える。当時の担任の先生は、若い女の先生だった。僕は、勃起の意味は当然母から聞いて知っていたのだが、友達の手前、知らないフリをした。翌日、友達が本当に「ボッキって何？」と先生に聞くと、先生は少し間を空けてから「知らない」と答えた。

そして、一番意味がわからなかったのが、小2の僕と幼稚園児の弟と母で、お風呂に入っているときに行われた「ソープランドごっこ」という遊びだった。その起源は詳しく憶えていないが、入浴時に母が「世の中にはソープランドというものがあって、そこではお金を払って、若い女の人がおじさんの身体を洗ってあげるんだよ」と、マイルドに説明してくれたことがあった。その時点ですごく嫌だったのだが、弟がなぜかノリノリで、そんな弟をからかう感じで母が、「じゃあ、あんたはスケべな農協のおじさんだ」と、勝手に役を振り始めた。母は浮かない顔をしている僕を指差し、女帝のように「あんたは恥ずかしがり屋の掃除のアルバイトの学生ね」と命令した。本人は売れっ子のお姉さん役だった。あの頃の母はなにか寂しかったのだろうか。

そこから、今でいうミニコントが始まるわけだが、僕は何もしゃべれなかった。母と弟で主にやりとりが行われて、僕は傍観していた。そうすると母が「学生さん、ちゃんとそこ掃除しといてよ」とか振ってくれて、僕はようやく動き出すとか、そんな感じだった。弟がなんか言って、母が爆笑する姿が印象に残っている。

コントや芝居で飯を食っている現在の自分としては、悔しい限りの負けエピソードだが、当時の僕を責められる人間などいないだろう。どこの小2がソープランドの掃除のアルバイトの学生を演じられるというのだ。

しかし、あのときの母の「あんたはスケべな農協のおじさん」と「あんたは恥ずかしがり屋の掃除のアルバイトの学生」という采配は見事だった。世の中のお母さんはみんなそういうことを考える力があるんだ、と少し尊敬してしまったのを憶えている。今ならわかる、そんな母親は我が母だけだ。

こんなこともある。小学校の仮装大会で、海賊の格好をする機会があった。家にある服でいろいろ見繕って、それっぽい格好をするのだが、母は湯水のごとくアイデアを出してくれて、「海賊なら腰巻しなきゃダメだろ」と言って、マフラーか何かを腰に巻いてくれた。お陰で、クラスの中で一番海賊らしい格好を披露することができた。母は演芸に関する仕事に携わっていたことはないのだが、彼女から受け継がれているものが僕の中には確かに存在していると感じるのだ。

これも小学校の時。お楽しみ会で、自作のプレゼントを交換するという機会があった。僕はクッキーの缶の中に、緑の折り紙をたくさん細く切って、真ん中に茶色い紙を細く丸めたものを入れて、「野グソ」というタイトルを書いた紙を中に入れたプレゼントを作った。折り紙の茶色だとリアリティがないので、いろんな包装紙を引っ張り出して、リアルな質感になんとか近づけようと必死に創作していると、母が横から「草の上に汚れたティッシュも置いたほうが良い」という、適切なアドバイスをくれた。僕は母に尊敬の眼差しを向けたまま、「本当にウンコ拭いたティッシュにしようかな」と言うと、「それはダメだよ！」と怒られた。

「野グソ」の出来栄えは見事だった。肝心のウンコの部分にセロテープが見えると冷めるので、ノリを駆使した力作だった。そして、やはりティッシュが効いていた。母もすごく褒めてくれた。

そうして、意気揚々とプレゼント交換に臨んだのだが、プレゼントは無作為に誰かのもとに渡るシステムだった。僕は折り紙の手裏剣の束をゲットして、まずまずの気分だった。するとクラスの中に一人、泣いている女子がいる。「まさかな」と思っていると、そのまさかだった。「野グソ」を手にした女の子が泣いているのだ。すぐに女子たちに取り囲まれて、現れた先生に結構な剣幕で「何これ！」と怒られた。

ものすごくショックだった。僕の中では本当に素晴らしいものが喜ばれないなんて、ましてや女の子を泣かしてしまうなんて……。そう思って見ると、汚れたティッシュはひどくグロテスクに見えた。誇らしげに書かれた「野グソ」の文字も、すごく恥ずかしかった。素直にその女の子に申し訳ないと思い、母に対して「なんで止めてくれなかった」と恨んだ。

正直、その後のことはあんまり憶えていない。先生は意外とすぐに許してくれたので、もしかしたらウンコのクオリティから、「こいつは誠心誠意これを作ったんだ」と判断してくれたのかもしれない。

今では、あんな物を作ることを応援してくれた母に感謝をしている。と同時に、あの人が原因で、僕が結果なのだから、それも当然だろうという気持ちにもなる。我が子が「野グソ」を作りたいと言ってきたら、それを応援してやりたいと思う。そして、「野グソ」っていうタイトルは直接的すぎるから「夏の思い出」とかにしたほうがいい、とアドバイスするつもりだ。

長い（だけの）作文

「僕の才能はどこにあるんだろうか？」

僕は、様々な仕事をやらせてもらっている。今はメインの仕事としては、芸人、役者、脚本家、演出家、ライターがあり、漫画と小説を出したこともある。

いろんな仕事をしたほうが良いというのは、手相にも表れているらしく、飽き性の自分にとっては、今のような働き方は非常に合っていると実感している。どの仕事においても、「せっかく自分がやるんだから」というモットーを持ち、なるべく個性を出すようにしている。その結果、「鬼才」などと言われ、自分でも鬼才面《づら》をしているのだが、もし自分が先天的な鬼才か、後天的な鬼才かと問われたら、後者ではなかろうかと思うのだ。

それには、あるトラウマ的な体験が理由としてある。小学校のときの作文だ。

小学校に入って初めて書かされた作文を返却されるとき、ある女の子が原稿用紙3枚に及ぶ大作を書いていたことを知った。僕は素直に驚嘆し、「ならば俺も」と、次のタイミングで大作を書き上げようと誓った。

授業の時間だけでは足りず、家に持ち帰り、せっせと書いたそれは、原稿用紙4枚に及ぶ、クラスで一番の大作となった。自分の文字でぎっしり埋まった原稿用紙が誇らしかった。例の女の子の作文は前回と同じで原稿用紙3枚だったので、「俺の勝ちだ」と安堵の溜め息をついたことを憶えている。

そして、その作文が返されるとき、悲劇が起きた。先生が「う大の作文は長いだけだった」とクラス全員の前で発表したのだ。

これは非常に堪えた。自分の作文を握りしめ、「ダサすぎる、俺！」と身悶えした。たしかに、その作文で僕がしたことは、「〜して、〜しました。それから、〜しました」と時系列に出来事を並べ、マスを埋めただけだった。「長いだけ」という先生の的確な言葉が頭の中を嵐のようにぐるぐると回る。

「この世で一番ダサいものは何か？」と聞かれたら「長いだけの作文です」と即答できるほど、僕のマインドは一瞬で書き換えられていた。長い時間をかけて、長いだけの作文を書いた自分の行為が愚かで恥ずべき行為だと、「本当はわかってました！」と言い訳したくなるほど身に染みた。

授業が終わって、友達から「『長いだけ』って言われてたね」とイジられたらどう返したらいいんだと頭を抱えていたが、そんなことは誰も記憶に留めていないようで、事なきを得た。

ボーッとする頭で家に帰り、事の顚末を母に説明した。母はその作文を読んで「たしかに、これはつまらん」というようなことを言って、家にあった学習用の本に載っている作文を見せてくれた。そして、「〜だと思いました」という、心情を発表することが作文では大事だということを教えてくれた。

僕は「なるほどその手があったか」と痛く感心して、次の作文では、「〜して、〜だと思いました」という技を乱発した。もちろん母からは「〜だと思いました」を乱用しすぎだと注意され、再び「ダサすぎる、俺！」と反省したのだった。

そんな経緯があり、僕の作文はだいぶマシになったのだが、すぐに「こんなテクニック的なことを人に教えてもらってできるようになっても、なんだかなぁ」という残念な気持ちになった。その頃には言語化できない感覚だったが、それは「俺は天才ではなかった」という嘆きだったのだと思う。

あの日、家に帰って、母から見せてもらったお手本の作文は、たしかに心地良いリズムで書かれていて、読んでいて気持ちが良かった。ただ、それと似たものを書くことになんの意味があるのかはよく理解できなかった。自分の気持ちを文章に記した最初の人になれないのはしょうがないにしろ、それを誰にも教えてもらうことなく思いつけなかったことが嫌だった。子供ながらに、自分なりのオリジナリティを出そうという気持ちもあったが、結局それは、お手本の作文から逃れようとしているようで、しっくりこなかった。

なので、僕は作文を好きになることはなかった。

絵にしてもそうだった。絵を描いているときに、黒い絵の具で人の輪郭や鼻を描いていると、母から「人の鼻の脇は黒じゃないでしょ?」と言われた。「なんでそんな当たり前のことに気付かなかったんだろう」と己を恥じた。しかし、だからと言って、そんな吹き込まれたテクニックを使って絵を描くことにも抵抗があった。それだったらまだみんなと同じような絵を描いているほうが楽しめた。

なかなか厄介な性格の子供だったと思う。

「自分の才能はどんなところにあるんだろうか?」と具体的に悩むほどではなかったが、心のなかではそんな種類の寂しさがあったのはたしかだ。

そんな自分が大学に入ると同時にお笑いをやってみることになるのだが、お笑いを始めてから、しばらくして気付いたことがあった。それは、自分がやっているお笑いの表現はすでにこの世界に存在している、ということだった。

それもそのはずで、僕はお笑いが好きで、つまり、テレビで活躍している芸人さんたちのネタが好きで、それを自分もやりたくて堪らなくて、その真似事をしていたからだ。僕はそれを恥ずかしげもなくやっていた。というよりも、真似事をすることが目的だったのだ。

これは、それまでの僕の性格を考えると不思議なことだった。作文も絵も人の発明した手段を真似する自分に違和感があった。でも、お笑いにはそれだけ強く魅了されていたせいか、むしろ真似をすることに快感があり、意味があった。

しかし、そんな自分に気付くと同時に、ある気持ちが生まれた。「ちょっと待てよ。じゃあ、俺がお笑いをやる意味ってなくない？」と思ったのだ。プロになるなら自分の個性を出さなくてはいけない、

自分の居場所をつくらなくてはいけない、と強く感じた。そのためには、今までに発明された手法を踏襲しながら、自分なりの表現を模索することへの違和感もなかった。プロになる以上、そこへの恥じらいは必要ないと、僕の自意識も許してくれたようだ。

「もっと自由に、もっと自由に」。これは僕が創作のときに唱える呪文のような言葉だ。どのジャンルの表現においても、「長いだけの作文」のようなダサい失敗だけはしたくない。結果、フェアウェイを大きく逸れた外道を歩む鬼才もどきになっていたとしても。

としまえんに舞い降りたスター

1978年生まれの僕は、漫才ブームを知らない。初めて触れたお笑いは、ドリフのコントだった。『俺たちひょうきん族』はハマる前に終わって、ドリフの流れで加藤茶さんと志村けんさんの「カトちゃんケンちゃん」の番組にハマり、『天才・たけしの元気が出るテレビ!!』にハマり、同時期に『とんねるずのみなさんのおかげです。』にハマった。これは同年代の人間なら誰しもが通った流れだと思う。

テレビの世界は遠い世界で、芸能人やタレント、ましてやお笑い芸人になりたいという人間など、まわりには皆無で、芸能界は浮世離れした水商売の世界というイメージだった。いわゆるブラウン管の向こうの世界は、本当に遠い世界だった。

小学校高学年のとき、友達と一緒に行った「としまえん」のプールで遊んでいると、突然、周囲が騒がしくなった。続いて「とんねるずが来るらしい」という誰かの声で、巨大なプールの広場は一瞬にして暴動寸前のお祭り騒ぎと化した。人気絶頂だった『とんねるずのみなさんのおかげです。』の収録が行われるというのだ。

僕も友達と一緒にとんねるずを一目見たいと、花道のようなところに並んだ。幸運にも、石橋貴明さんのヒジを触ることができて大興奮したのを憶えている。しかし、小学生にヒジを触られる側に行きたいと思うことはなかった。

当時はアイドルや芸人を目指すことのハードルが今よりも高く、一般社会から芸能界に地続きの道はないように思われた。そういう発想にすらならない、というのが当時の感覚だったと思う。理由としては、テレビで観られる芸能人の数が圧倒的に限られていたからだろう。スターしかいなかった。スターになりたいとは、思わなかった。それよりも、あのとしまえんの巨大なプールを興奮のるつぼに変えたエネルギーの中心にいるスターに平穏はあるのだろうか?と勝手に心配になったぐらいだ。

漫才ブームを知らない僕にとって、初めて認識したお笑いコンビがとんねるずだった。二人でトークをしたり、司会をしたり、コントをしたり、お互いにボケてツッコむ、親しみやすいおもしろお兄さんの二人組。あっという間に心を奪われた。

おそらく、漫才ブームを知っている人からすると、とんねるずというコンビは、コンビでありながらボケとツッコミにハッキリと分かれていない、人間らしいニュートラルな部分に新鮮味や親近感を感じていたのだろうし、僕のように漫才ブームを知らない人間は、コンビというスタイル自体に新鮮さを感じていたと思われる。

個人的な感覚としては、カトちゃんケンちゃんの二人のトークは、コントという舞台から下りた二人がするお話、という捉え方で観ていた。一方とんねるずは、まず二人ありき、トークするのは当たり前、そのうえで、二人がコントに挑戦したり、MCに挑戦する、という感覚で捉えていた。とんねるずを「最強の素人」と表現する言葉があることからも、その感覚は間違っていないと思う。

僕がとしまえんで見たお二人はすでに大スターだったが、スター前夜の二人は、どうやってその道筋を見つけることができたのだろうか。スターばかりの狭いブラウン管の中に、異質な存在として乗り込むことで、その活路を見いだしたのだろうか。逆に、成熟しきった多様な今のテレビの世界では、あのような奇跡は起こりえないのかもしれない。

ブラウン管の向こうから二人が発していたのは、圧倒的なパワーだった。

あれだけの人間を巻き込み、笑いを起こす芸が、本当に素人芸のわけがない。純粋なおもしろさも芸も隠してしまうほどのパワーが二人からは溢れ出ていた。きっと、その輝きが、僕に芸人という仕事に憧れることさえ許さなかった。

もちろん、あのパワーに魅せられて芸能界入りを目指した人間も多いと思うが、自分の場合そうはならなかった。「ガキは座って見てろ!」と、一喝されそうな恐ろしいパワーを感じた。

あのカオスの中、無理矢理ヒジを触った小学生に、スターは一瞥もくれず、前だけを見つめ、ズンズンと歩いて行った。芸よりもパワーだった。そして、それが痛快だった。

個人的な財産としては、とんねるずが教えてくれた笑いが2つある。

ひとつ目は「キャラコント」だ。木梨憲武さんが演じるノリユキというアイドルオタクの青年が、「息くれよ!」とビニール袋を持ってアイドルに突撃するコントが僕は大好きだった。「息くれよ!」というキラーフレーズは、笑うと同時に「これはすごい言葉だ!」と子供ながらに感動した。キャラコントの醍醐味が、「コイツがコレを言うからおもしろい」ということを肌で教えてもらった。

キャラとセリフの掛け算が起こす笑いの爆発は、現在の流行りのコントのスタイルの核になっている。

木梨さんの言葉が好きだった僕は、派手なコントメイクを、ときに「ちょっと邪魔だなぁ」などと生意気に思ったりしながら、木梨さんの言葉を待ち望んでいた。

もうひとつは「あるあるネタ」だ。笑いとは共感である、というのはお笑いの真理だが、それを「あるあるネタ」として、初めて見せてくれたのはとんねるずだった。設定はトレンディなバーで、別れ話をしている男女。石橋さん演じるクールな男は、恋人から「気持ちがわからないから別れたい」と言わ

れるが、「好きにしたらいい」と超クールな対応をする。ただ、その女性から、別れを決心した理由が「実はね、私は別れたくないんだけど、友達の彼氏から『そんな男やめとけ』って言われたの」と聞くと、男は急に「友達の彼氏から『そんな男やめとけ』って言われたってなんだよ……」と顔をくしゃくしゃにし、「友達の彼氏ってなんだよ……」と泣き続けるコントだった。

子供の僕は、最初このおもしろさの意味がわからなかった。でもやがて「ああ、大人の世界では〝友達の彼氏〟の意見を恋人が採用しちゃうことがあるんだ」「たしかに〝友達の彼氏〟のアドバイスってウザいだろうな」と共感し、笑った。

当時「あるあるネタ」という言葉があったかは知らないが、それが僕の「あるあるネタ」初体験だった。

あの頃、とんねるずを観て、たくさん笑っても、芸人になりたいとは思わなかったのは、僕のキャラクターのせいなのか、年齢のせいだったかはわからない。けれど、二人を見て「大人って楽しそう！」と思ったのは強烈に憶えている。

悲しい笑いが好き

小学5年生の一学期の終わりに、僕は転校した。それまで住んでいた神奈川県藤沢市の片瀬江の島海岸から、東京の保谷市（現・西東京市）に引っ越したのだ。

保谷市は、もともと僕が生まれた土地で、父の実家があった。祖父の死をきっかけに、おばあちゃんと暮らすために、父が新たに家を建て、そこで暮らすための転校だった。

片瀬の学校を転校する前に、クラスメイトの前でお別れの挨拶をする流れになった。仲の良い友達も多く、みんなとお別れするのがすごく寂しかったのを憶えている。

おばちゃんの先生に「じゃあ、最後に何か一言」と前に出された。それは当時の僕からしたら突然のことで、みんなの前に立つやいなや僕は、何もしゃべれなくなってしまった。

「『何か一言』って、何？　大人の響きだ。無理無理！」というのが素直な気持ちだった。時間が経てば経つほどハードルが上がるということを当時の僕が知るはずもなく、しばらく無言で立ち尽くした。

先生からしたら「次の学校でもがんばります」というくらいの一言で良かったのだろうが、頭の中で、先生の「何か一言」に対する正解は一体何だろう？と必死に考えた。何も出てこなかった。お手本がなかったのだ。

時計の音が聞こえるほど、静寂はしばらく続き、やがて「早くしてくれ～」という言葉が教室のあちこちから発せられる事態となった。子供とは残酷なものだ。もう二度と会えなくなるであろう友人たちが「早くしてくれ～」と言っている。「こんなはずじゃなかった」という言葉しか浮かんでこなかった。

ざわつきを増していくクラスのみんなの前で発する「何か一言」は、難解すぎた。たぶん「こんなはずじゃなかった」と言っていればウケるぐらいに、クラスの空気は転校していくお友達を送り出す雰囲気ではなくなっていた。

無理もなかった。僕の挨拶が終わった瞬間に、楽しい夏休みが幕を開けるのだから。クラスメイトのほとんどが椅子から尻を浮かしているような状態だった。みんなの気持ちは痛いほどわかった。しかし、僕の気持ちは誰も理解してくれなかった。

「本当に何でもいいから」と先生は呆れたような顔で言った。「もっと他のアドバイスをくれ!」と叫んでいたらウケていたかもしれない。しかし、11歳の僕が絞り出したのは「泣けば許してもらえる」という最終手段だった。

実際、自分自身、クラスメイトへの怒りで普通に泣きそうだった。泣くと決めたら、大量の涙がとめどなく流れ始めた。「もう、こいつらとは会わないし、別にいいや」という打算的な気持ちもあり、僕はしばらく泣いた。先生から「次の学校ではちゃんと挨拶できるようにね」と、最低なお別れの言葉をもらった。

信じてもらえるかわからないが、これは僕にとってすごくスペシャルな体験となった。もちろん、当時の僕には悲劇だったのだが、シチュエーションとして、完璧すぎると確かに感じていた。おもしろい出来事に間違いないと、泣きながらすでにそう感じていた。

まさかお別れの挨拶中に「早くしてくれ〜」と、クラスメイトたちがしびれを切らす姿を見られるなんて思ってもみなかった。これはまさに現在、僕がコントや演劇で表現している「悲劇を通り越して喜劇になっている」というやつだ。

「次の学校ではちゃんと挨拶できるようにね」というミッションは果たせるのだろうか。それを知ることができるのは自分だけだ、ということにもワクワクした。もし、次の学校でも泣いたらどうなるんだろう？などとさらなる悲劇を妄想して、己の背中に冷や汗をかかせるという、自虐的な行為にうつつを抜かしながら、最後の通学路を家に帰った。

その日の夜、母親から突然「あんた学校で泣いたの？」と言われた。僕は、その出来事をおもしろいと思っていたが、情けなくもあったので、とても親に言う気分にならなかった。だから、黙っていた。

母の話では、当時の僕の親友の母親から電話があって、その親友も家に帰った後で、「今日う大が最後、泣いたんだ」と彼の母親の前で号泣したのだという。この展開には正直驚いた。そうか、彼にとって、あの僕の涙は、お別れが悲しいゆえに流れた涙に見えたのか。本当は悔し泣きに近い種類の涙だったのに。母親も「素敵だねぇ」みたいなことを言って、悦に入っている。親友が自分のために泣いてくれたことは、素直にうれしくもあったが、親友がざわつくクラスメイトに交じり、ひとり真剣な眼差しで僕を見ていたのかと思うと、これまた笑えてきた。

改めて、いろいろめちゃくちゃだったんだなぁと、穴に入りたいような恥ずかしい気持ちと、かけがえのない体験をしたという気持ちが、同じ力で押し寄せてきた。

底抜けに明るい笑いは素晴らしいと思う。しかし、僕は気まずさの中にある笑いや、悲しさの中にある笑いが好きなのだ。光明が差すように存在する笑いが好きなのだ。それを拾い上げていきたい。みんなが目を背けるような腐った肉の中に「まだここ食べられますよ」と、可食部を提示するような笑いが好きなのだ。それが、自分にしかできない笑いだとか言うつもりはない。というよりも、むしろ、それは笑いの真の姿であるように思うのだ。

そもそも、底抜けに明るい笑いなど存在するのだろうか。ピエロに勝手に哀愁を着せてしまうのが我々人間だ。底抜けに明るい笑いは、観る者の人生に影を落とす副作用があるように思う。笑った後に寂しくなるのは僕だけではないはずだ。人生が続いていく以上、笑っては終われないし、悲しいままでもいられない。悲劇と喜劇が観る距離によってコロコロ変わるように。光と影のバランスは変わっていく。涙の後には笑いがあり、笑いの後には涙がある。悲劇はひっくり返って喜劇になる。

緊張と緩和。静と動。フリとオチ。創造と破壊。生と死。これらは、単なる反対のものではなく、連動していて、オチは時に次の大きなオチのフリになっていることもある。

精製された米はうまいが、玄米のような全部詰まった笑いが好きだ。精製された笑いも良いが、そこには白米に通じる悲しさがある。悲しいのは嫌だ。笑えるのがいい。だから、悲しさのある笑いが好きだ。

「白米って悲しいか？」と言われたらそれまでであるが、それも結局、笑えるのだ。

「弟子にしてくれ!!」

小学5年生の夏休みに僕は転校をした。2学期から通い始めたのは西東京市にある小学校だった。前にいた神奈川県藤沢市の小学校は学年にクラスが5つあったが、新しい学校は学年に2クラスしかなく、そのぶん学区も狭いので、クラス全員の結びつきが強かった。当然、小学5年の2学期からそのコミュニティに入っていくのは結構大変だった。

元来、人見知りの性格なうえ、思春期も始まる年頃だ。スポーツウーマンな感じの先生に連れられて、新しいクラスの前に立たされたときは、「へぇ、こんな厳しい状況って俺の人生にあるんだ?」と、逆に穏やかな感情になった。ドラマでよく見る、転入生からの視界が目の前に広がっていた。

真面目そうな生徒がこちらをまっすぐ見ていて、丸めた手紙を投げ合っている生徒がいて、体の大きな生徒が最後列に陣取っている。前の学校では誰もかぶっていなかった西武ライオンズの野球帽をかぶった生徒を見て、自分が文化の違う場所に来たことを痛感した。

一番前に座っている女子が「うるさいでしょ? このクラス。大変なところに来たね」と声をかけてきた。少年の僕は「女子にナメられてたまるか」という意味で首を横に振ったが、「いえいえ、そんな滅相もないです」という意味に捉えられたと、そのあと、その子が浮かべた満足そうな表情を見てわかった。

それからしばらく、僕はしゃべり方を忘れたように静かな生徒として、学校生活を送った。幸い、物珍しさから遊びには誘われたのだが、こっちも全然しゃべらないから、遊んでいてまったくおもしろくなかった。

転入して一週間ほど経ち、しゃべらないのは辛いなと感じ始めた頃、まわりの男子生徒たちが僕にちょっかいを出すようになってきた。彼らとしても、どう接していいかわからない結果の行動だったのだろう。それはすぐにエスカレートしていった。

ある休み時間、僕がそのちょっかいに対して反抗すると、軽い喧嘩に発展した。気が付くと、友達の一人をヘッドロックしていた。その軽い喧嘩の最中ですらも、僕は声を出さないように必死だった。

そのとき「ああ！　こういう子いたな！」と強烈に思った。からかってくる奴らの一人を捕まえて、真っ赤な顔して一言も発さずにヘッドロックしてる子。見たことある。そうか、あの子たちはこういう気持ちだったんだ。彼らは全然特別な存在じゃなかったんだ……と、ちょっと悲しい気持ちになった。

そして、このままではイジメられるなぁと悟った。そうなるとずっとしゃべれなくなるし、それは辛い。本当は、もっとおもしろくて楽しい人間なのに、それを誤解されたまま嫌われるのはいやだ。でも、このままではどんどん誤解されてしまう。無言ヘッドロックしちゃったし。何か手を打たなければ……。

悩んだ末に僕がとった行動は、今思い返しても驚きのものだった。僕は、ちょっかいを出してくるグループの一人で、ヒエラルキー低めのKくんを捕まえて、いきなり「弟子にしてくれ！」と大きな声でしゃべりかけていた。

どういう勝算があってそんな賭けに出たのかの記憶はない。ただ、ひとつ憶えているのは、何でもない同級生の男子に向かって「弟子にしてくれ！」と懇願している自分という存在を「おもしろい！」と感じていたのは確かだ。そして、この「弟子にしてくれ！」キャラは、「この転入生、急にどうしたんだ？」とクラスメイトを戸惑わせたが、すぐに「わけわかんねえ！」と笑って受け入れてもらえた。

調子に乗った僕は、さらに「俺はK君にこのクラスのリーダーになってもらいたい！」「今のK君の発言よかった！」と適当なことを捲し立て、K君が「やめろ！　絶対弟子にしねえ！」とリアクションすると、「絶対に諦めませんよ！」と返し、クラスを沸かせた。完全にゾーンに入っていた。

こんなことをするぐらいなら、最初から普通にみんなと話していれば良かったのだが、それができなかったのだからしょうがない。

しかし、この弟子にしてくれキャラは2日ともたなかったと記憶している。そもそも弟子になんかなりたくなかったので、すぐに飽きたのだ。そして、やめるのに十分なほどの成果もあった。存分にウケたのだ。最後は「目が覚めた！」とか言って、役から降りた。たぶんそれもウケたはずだ。K君にとっては、単に売名行為に利用されただけの、はた迷惑な事件だったろうが、背に腹は代えられなかったので許してもらいたい。

この大胆な行動により、「おとなしい転校生」から「おもしろい転校生」へと変身した僕は、一気にクラスの中に新たな居場所を見つけ、みんなと仲良くなれた。どうせダメなら最後に暴れてやろう、というヤケクソの精神が我が身を救ったのだ。

2013年、『キングオブコント』でかもめんたるが優勝し、僕らは少しの間、キングとしてゴールデン番組などに呼ばれた時期があった。

あの頃、スタジオでしゃべり方を忘れてしまったかのように押し黙っていた僕は、どこかでまたあの「弟子にしてくれ！」キャラを生み出した自分の火事場の力を信じていたのかもしれない。もうすぐだ、もうすぐアイツがまた俺の中に再び……と思っているうちに、テレビから呼ばれなくなってしまった。「本当はもっとおもしろくて楽しい人間なのに」という、あの日抱えた気持ちと同じ訴えは、自分の中で踏み消すしかなかった。完全なる不完全燃焼だった。

ただ、テレビに馴染めずに苦しい思いをする日々の中で、「この場所は自分に合っていない」という体感があったのも正直なところだ。居場所を探し求め、うろうろと彷徨った結果、鬼才などといって、今こうやっていろいろな仕事をしていると、性に合っているのは明らかにこっちだったことがわかる。

と、ここまで書いて、記憶が蘇ってくる——。

優勝した翌年。『キングオブコント』の決勝会場に優勝トロフィーの返還に行った。すでにかもめんたるはほとんどテレビに呼ばれなくなっていた時期だ。ヤケクソの精神だった。あの日と同じだ。僕は本番中に「緊張しすぎて死にそうだ!」とか「おもしろすぎて死にそうだ!」という、ギャグとも言えないフレーズ「○○すぎて死にそうだ!」を執拗に繰り返した。まったくウケなかった。全部スベった。芸人仲間から呆れられた。ヤケクソの精神でしっかり散ったんだった。
ああ、この世界は難しい。

おもしろに開放的な土地

西東京市の小学校では、卒業までの約1年半を過ごしたのだが、毎日学校に行くのが楽しくてしょうがなかった。なぜかこの学校では、というか、僕のクラスでは「おもしろい」ということがすごく価値を持っていた。もちろんそれは僕の肌に合った。

転入してきたばかりの、今でいうと〝尖っていた〟状態だったはずの僕が、「あ、こいつらおもしろいかも」と思ったのは、CMソング「この木なんの木」を「この木、なんの木、小原の勃起」と、クラスメイトの一人、小原君の勃起の歌に替え歌していた連中を見たときだった。

あんな素敵な歌を勃起ソングに変えるという残虐行為、さらに、単なる音的なダジャレだけではなく、「この木、なんの木?」という問いにちゃんと答えているところがすごい……。「あぁ、あれは木じゃなくて、小原って子の勃起だったんだ」と感動した。

その「小原の勃起ソング」を歌っていたのが、まさに前の回で僕が書き記した一度揉めた連中で、結局、僕はそのグループの一員になったのだった。

そこのメンバーには、漫画などの知識が豊富でマニアックな感性のH君、すばしっこいおバカキャラのY君、笑い声が気持ち良くリアクションが最高なG君、柄の悪そうな高校生の兄がいて大人っぽい笑いが好きなA君などがいた。僕たちのグループのヒエラルキーの基準は「おもしろいこと」だった……と、少なくとも当時の自分は感じていた。

江の島の小学校に通っていたときの僕は、どちらかというと奇人寄りで、クラスのメインストリームにいるタイプではなく、おもしろいことが必要なときだけ頼られる「森の奥に住んでいる変なやつ」みたいな立ち位置だったと思う。「おもしろい」イコール「変なやつ」という、無理もない図式があったのだろう。しかし、このクラスでは、おもしろければ、そのぶんだけストレートに賞賛されるという土壌が出来上がっていた。

おもしろに開放的な土地だったと言えるかもしれない。理由として考えられるのは、江の島のほうは自然が豊富で、遊びのチョイスが多かったり、クラスがたくさんあって学区が広かったので、授業中と放課後で遊ぶ友達が違うため、おもしろさは新鮮さという形で転がっていたのだと思う。逆に、西東京市のほうは、代わり映えしないメンバーと、その場にある僅かなおもしろさを深く掘っていかないと窒息してしまうかのように「おもしろい」を求めていたのではないだろうか。

6年生の頃、我々の間でダジャレが流行った時期があった。もちろんダジャレを自然に使うのはダサいという感覚はあって、でもだからこそ、ダジャレを見直そうという流れで、ダジャレをいろいろ考えていった。つまり、一周まわって、というやつだ。ダジャレをディグっていくと、ウマいだけのダジャレはあまりおもしろくなく、やや強引だったり、シンプルに音がおもしろかったりするのが実はおもしろいと発見できた。

「教会に行くのは今日かい?」が持つ、語尾の「かい?」のウザさをみんなで共有したときの快感はなかなかのものだった。そして、僕が言った「サルが去る」というダジャレが、シンプルなのに、サルのかわいそうな背中が浮かんできて一番いいダジャレだということになった。高校生の兄がいるAから「俺の兄ちゃんもそれが一番いいって言ってたぞ」と言われたとき、すごくうれしかったのを憶えている。

Aとは、公衆電話で非常通話ボタンを押して家に電話をするという遊びをしたことがあった。当時、公衆電話の非常通話ボタンを押すと、110番や119番には無料でかけることができたのだが、家の電話にかけると「もしもし」と相手が出た瞬間に切れることを偶然発見した。僕とAは二人でそれぞれの家に電話をかけた。「もしもし、岩崎です」という母の声のあとでブツッと通話が切れる。それだけの話だ。Aは自宅にかけた電話の受話器を下ろすと「なんか、かわいそうになった」と言った。めちゃくちゃ共感できた。「わかる!」と言って、二人でもう1回ずつ家に電話して、「やっぱりかわいそうだ!」と笑って、「もうやめようぜ」と笑いすぎて溢れた涙をぬぐった。単なるイタズラから思わぬ感情になり、それをAが言語化してくれたことがとても快感だった。

僕には人の粗を探すのが得意という最悪なセンサーが備わっているのだが、Aも相当なものだった。たとえば、修学旅行に行ったとき、そこにいた観光客の外国人の方にそれぞれ自己紹介をすることになって、同じ班の生徒たちが英語風に自分の名前を言うのが「キモすぎた」と教えてくれた。僕は違う班だったので、その話を聞きながら「修学旅行の浮かれたテンションの中、他人にそこまで厳しい視線を向けるのはさすがAだな」と感心していた。さらにAが熱く語ったのは、「名字が4文字のやつはまだいいんだよ。イワサーキとかになるならまだわかる。俺は名字が2文字だから、2文字を伸ばしたらマジでキモい。なのに、同じ班の土井(仮名)がドーイとか普通に言ってて、マジかコイツと思った」という内容だった。このとき僕は「Aは自分より先を歩いている」と感じた。

そんなAを笑わせるのはとても気持ちが良かったし、Aなら僕が思い、感じることを、同じようにおもしろがってくれるという自信があった。

僕が小学6年生の後半に始まったバラエティ番組『ダウンタウンのごっつええ感じ』のおもしろさに

興奮していると、Aは当時深夜に放送していた『夢で逢えたら』と『ダウンタウンのガキの使いやあらへんで！』を教えてくれた。中学に入り、いよいよダウンタウンのコントにハマっていった僕は、Aとそのおもしろさを答え合わせしながら笑い合った。

Aはなぜお笑い芸人にならなかったのだろうか。あんなにお笑いが好きで、何よりあんなにおもしろかったのに。Aは勉強が得意なタイプではなかった。乱暴なことを言うが、Aにはお笑いを目指してほしかった。

僕は中学3年生の途中で引っ越してしまったので、Aがどういう高校生活を送ったのか知らない。いつからか笑いが一番じゃなくなってしまったのだろう。

Aとは、大人になってから何年かに1回会う機会があるのだが、土木関係の仕事をしていて、見た目が怖くなりすぎているため、あまり昔のようには話せない。照れ臭くもある。

なので、Aが今の僕の作っている笑いを好きかどうかは、まだ聞けていない。

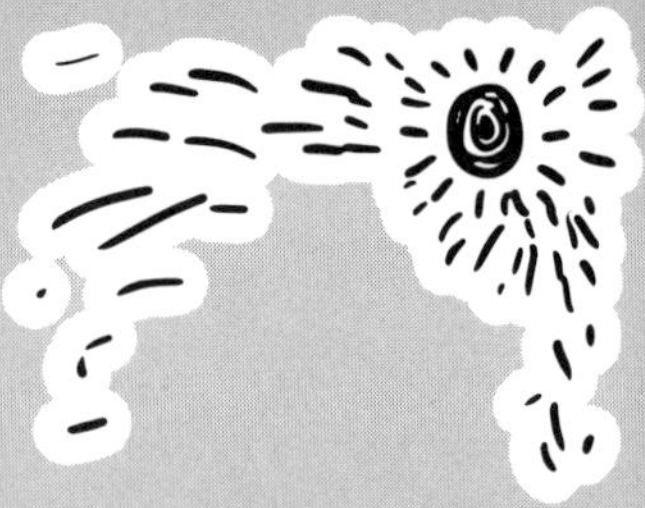

第2章　異国で抱いた夢

時代を早送りさせたダウンタウン

恥ずかしがり屋で内弁慶な幼少期を経て、小学生時代は転校を経験しつつ、それなりにクラスのおもしろい生徒として過ごしていた僕だったが、中学生になって思春期を迎えると、すっかり暗い生徒になった。

思春期が始まった瞬間を僕は憶えている。はっきりとスイッチが入る瞬間を体感したのだ。

それは、中学校の入学式の帰り道だった。同じ小学校の仲間で帰宅している途中、友達の一人が、公園にエロ本が落ちているから見に行こうと言った。僕はその頃、性に対しては閉ざした人間だったので、とくに興味もない振りをして、彼らについていった。

お目当てのエロ本が見つかったかどうかも憶えていないのだけれど、みんなでエロ本を探しているときに、散歩中のおばあさん二人が現れた。彼女たちは、真新しい制服の僕らを見るなり「まぁ、かわいいわね〜」と言った。

心底、驚いた。かわいいはずがない。エロ本を探していたのだから。いけないこと、汚らわしいことをしている自覚があった。醜い悪党の顔をしている自覚があった。制服だって、「これを着たら大人に見えちゃって恥ずかしい」ぐらいの気持ちで着ていたのに。

なのに、腰の曲がったおばあちゃん二人の感想は「まぁ、かわいいわね〜」だった。なんたるギャップだ。そして気が付いた。「あぁ、自分は心の中ではいっぱしの大人を気取っていたのだ」と。でも実際は、傍から見れば「まだまだかわいいお年頃」なんだと痛感すると、自分という存在がとても気持ち悪く感じた。

こうして僕は、中学校の入学初日、思春期に突入した。

そう考えると、その頃の僕は、少しずつ自分が大人になっていってると感じていたのかもしれない。

当時、自分の中のお笑いに関する革命のひとつとして、吉田戦車先生の『伝染《うつ》るんです。』という4コマギャグ漫画があった。これは、当時の僕の親友でもあったAから教えてもらった漫画で、その後すぐに、一世を風靡したと言ってもいいぐらい流行った。

当時の僕の感覚では、絵も劇画タッチで、ギャグもシュール極まりなく、時に過激で、時に切なく、大人のためのギャグ漫画、という認識があった。まさに、その頃から世の中はシュールという笑いに席巻されていくのだが、僕のシュールヴァージンも『伝染るんです。』に奪われたと言える。まったくの新感覚の笑いだった。

さらに僕は、『伝染るんです。』というタイトルの妖しさや、単行本に使われていた上等そうな表紙の紙の質感にまで感性を撃ち抜かれていた。今で言う「世界観」を、まるごと好きだったのだ。僕は『伝染るんです。』の単行本を手で撫でながら、「俺はこの塊《かたまり》が好きだ」と唸っていた。

振り返れば、まるで自分の心と体の成長とタイミングを合わせるように、世の中のお笑いも進化していた。これは僕と同じ世代の人間ならみな心当たりがあるのではないだろうか。

これから人類の繁栄が続いていくとして、お笑いという文化の中で、これほど激動の時代は二度と訪れないのではないだろうか。今は、すでにお笑いはほとんど成熟してしまっているように思える。

そして、お笑いがまだ成熟していなかったあの頃に、全国デビューを果たし、日本のお笑いを完成させてしまったのが、ダウンタウンさんだ。いや、「完成させてしまった」という表現は相応しくないいかもしれない。完成させるというほど、前の流れを受け継いではおらず、いきなりドン！っと新しいお笑いを、それまでのお笑いの歴史の上に叩きつけたようなインパクトがあった。違和感のある進化の仕方だ。松本人志さんの天才っぷりが中途半端だったら、早すぎた天才として時代の陰に消えていったかもしれないが、その才能は時代を早送りさせたのだろう。

初めてダウンタウンの笑いに触れたのは、中学1年生のときだった。これは僕にとって非常に重要な出来事で、この連載の初回から僕が何度も自問自答してきた、「自分はなぜ芸人になったのだろう？」という問いに対する答えでもある。一番シンプルで、正直な答えは、「ダウンタウンの笑いに心を奪われたから」に違いない。さんざん引っ張ったが、これが答えだ。

初めて観たのは、特番の『ダウンタウンのごっつええ感じ』でのユニットコントだったはず。僕が知っていた関西の芸人さんの雰囲気と違って、そのコントは地味な笑いだと感じた。ただ、それはすごく僕の好みでもあり、地味だが、そのぶん滋養に満ちた笑いであるようにも感じた。と同時に、それを若いお兄さんたちがやっていることに、少し違和感を抱いた。

その頃の僕は、ゴールデンの時間帯に特番を任されているダウンタウンの実力と認められ方を理解していなかったので、「この人たち頑張ってほしいな。また観たいなぁ」ぐらいに思っていた。まだ、心は奪われていなかった。

それが変わったのは、「ANGELちゃん」という、松本さんが天使に扮するコントを観たときだった。ニコニコかわいい天使の格好をした松本さんが、カップルが前を通ろうとするとなぜかキレる、というコントだった。かわいい天使が関西弁でめちゃくちゃキレる、というのがまずおもしろい。さらに、天使が怒ることに明確な理由がない、だからこそおもしろい、というシュールなコントだった。

僕は年が3つ離れた弟とそのコントを観ていたのだが、気が付くと二人して狂ったように笑っていた。なんでこんなにおもしろいんだろうか？　明らかに未知の力でぶん殴られたようなエクスタシーを、ボーッとする体で感じていた。この笑いも大人のものだと感じたかどうかは憶えていないが、「新しい笑いだ！」と興奮し、「これを待っていた！」とすら思った。

あの頃の変化していく心と体で、ダウンタウンの笑いを浴びられたことは、僕という芸人の形成において非常に重要なことだったと思う。あの時期がなければ、僕は芸人にもなっていなかったはずだ。

「ＡＮＧＥＬちゃん」のコントは、ダウンタウンにハマるキッカケとなった大好きなコントなのだが、このネタはかなりシュールな部類に入り、暴力的なおもしろさはあるが、完成度としては、後々もっと高いコントがたくさん作られている。ダウンタウンさんの笑いには、いわゆるシュールという言葉だけでは表現できない豊かな世界が詰まっている。次回はそこに触れていきたい。

小学5年生のときに、仲の良い友達がみんな入っていた、という理由で少年野球のチームに入った僕は、中学でも同じ理由で野球部に入部した。野球の才能がなく、才能のないことに取り組む才能もなかった僕は、ずーっと補欠だった。苦手な野球をやっていたせいで、嫌な思いをたくさん経験できた。

僕のいた野球部では、背番号は20番まで用意されており、背番号がもらえない生徒はわずかで、僕はそのわずかなうちの一人だった。練習試合で別の中学校へ行ったとき、ヤンキー集団が、前から歩いてくるユニフォーム姿の僕らの背番号を当てる賭けのようなことを始めた。体型や顔つきから「あいつエースっぽいから1番」「あいつは補欠っぽいから14番」などと予測を立てる、よくできた遊びだった。目の前を通りすぎた人間の背中の番号で騒ぐという、ヤンキーにしかできない所業でもあった。

内心「やばいやばい！」と思いながら前を通過すると、ヤンキーたちは「なんだよ！ こいつ背番号なしかよ！ そのパターンあったのかよ！ ふざけ!!」と盛り上がっていた。それは、どんな作家もクリエイトできない、美しくも悲しいシチュエーションだろう。

やがて、ようやく背番号をゲットできたかと思ったら、その背番号の前の所持者が、すでに野球部をほぼ辞めているような感じの同級生だったので、学校の帰りに友達と二人で背番号をもらうために彼の家へ行った。訪問の理由を説明すると、彼はなぜか新しい背番号をもらえると勘違いした様子で、謎の空白の時間が生まれた。事情を理解したあと、彼は「……ああ、そういうこと？」と家の中に戻ったまま、なかなか現れなかった。20分ほど経った後、家の中から出てくると、めちゃくちゃだるそうに「ないわ」とだけ言った。変声期のダルそうな「ないわ」の響きってこんなにウザいんだ！と感動すらした。

練習中にイレギュラーバウンドを取り損ね、指を骨折したのをきっかけに、都合3カ月ちかく練習をサボったこともあった。後半は完全なズル休みだった。そんなズル休み期間のある放課後、美術の課題が終わらず居残りで作業をしていたら、思いのほか遅くなり、一緒に作業していた生徒たちとキャッキャと嬌声をあげながら、職員室に美術室のカギを返しに行った。すると、職員室の前の廊下に野球部が全員暗い顔で並んでいた。何かやらかしてしまい、顧問の先生のお許しを得に来た、というストーリーが瞬時に見て取れた。全員が僕を恨めしそうに見ていた。クリーム色の廊下を照らす寂しい蛍光灯と、暗い顔をしたユニフォーム姿の少年たちの列は、今も脳裏に焼き付いている。

2年生になると、普通に野球部の練習をサボるようになった。今思うと、才能のないことに対して、片思い的に情熱を捧げるのが精神的にきつかったのだろう。あの頃の自分は己のプライドを守るために、苦しいランニングが終わる頃を見計らって、キャッチボールから練習に参加したり、大会中は、勝ち進むと週末がつぶれるので、「負けてくれ……」とベンチから必死に祈っていたのだと思う。そう思いたい。野球は自分という人間の卑しさも教えてくれた。

野球と比べると、勉強のほうがよっぽどマシで、通っていたのは小さな塾だったが、成績は優秀なほうだった。塾の講師陣は恐ろしく、彼らに怒られないために勉強をしていたように思う。英国数の講師それぞれ個性的だった。その塾が、あるとき、中学校の先生に「あそこは学力テストで不正をしている」と名指しでコキ下ろされた。3人の講師の顔が間抜けに脳内に浮かんできて「なんだよ、それ」と思わず笑ってしまった。

思春期の僕はそんな日々の生活の中で、心のヒダをセンマイのようにグロテスクに複雑化させていた。

僕が唯一生きる喜びを味わえたのが、塾も部活もない日曜日だった。夜には『ダウンタウンのごっつええ感じ』、さらに深夜には『ダウンタウンのガキの使いやあらへんで！』をテレビで観ることができる日でもあった。とくに『ガキの使い』はビデオに録画して、放送が終わるとすぐに再生し、繰り返し観ながら塾の宿題をやっていた。

中学生の僕は、ブラウン管から流れてくるお笑いに救われていた。あの頃のテレビはエンタメの頂点だった。ダウンタウンはそこに登場し、本来マニアックで感覚的な、キャッチする側にもセンスを要求する笑いで、世間を席巻してしまったのだ。

当時、ダウンタウンの笑いで何より特別だったのは、そのフィクション性だ。少なくとも僕の中ではそれが特別だった。当時のダウンタウンはまだコントを演じたり、『ガキの使い』では、ハガキで来る「松本さんは○○したことがあると聞きましたが、本当ですか？」というような無茶振りに対し、松本さんが嘘のエピソードを語っていくというスタイルがメインだった。あの頃、思春期真っ只中だった自分が、他人の嘘エピソードをあんなにありがたがって爆笑しながら聞いていたことが不思議だし、それが全国規模で起こっていたことも驚きだ。

松本さんの創り出すフィクションの世界には、それだけの魔力に近い魅力があり、その秘訣は、リアリティにあったと思う。フィクションの中のリアリティは今でも僕が一番大事にしていて、フィクションが大人を虜にするとき、絶対に必要な要素だと信じている。松本さんがどんなに荒唐無稽でシュールな世界を創ろうとも、そこには現実世界にある要素が溢れていて、それがリアリティを生み出し、おかげで我々は共感し、笑うことができた。不思議なものだ。フィクションは虚構の世界であるはずなのに、それを極上のものにするにはリアリティが必要だとは。

松本さんの創る笑いはシュールと言われていた。シュールとは、超現実で、現実を超えたリアルではないもの、というのが本来の意味だが、僕からすると、松本さんの創る世界は「現実の中の現実」と評するべきだと思うぐらい、リアリティに溢れていた。どんなに非現実的な設定でも、切れば血が出るような、生々しい空気が松本さんの作品には満ちていた。優しさと悲しさ、人間のすべて。そんな諸々がフィクションの中に存在するのがたまらなくカッコよかった。

その頃、松本さんがテレビで「小学校の頃、遠足で他の学校の悪い生徒に蹴られたとき、優しかったおかんの顔とか浮かんできて泣きそうになった」と語っていた。笑いながら、とても痺れた。そんな一時の感性を大人になってからも憶えているんだ、と感動した。きっとこの人の持っている心のヒダは、僕のよりもずっとグロテスクなんだろうなと思った。そう思うと、自分が体験したいろんな理不尽で悲しい現象も、心のヒダをよりビラビラにするための貴重な体験に思えたのだった。

岩崎家、オーストラリアへ移住

中学3年の夏休みを前に、岩崎家はオーストラリアのパースという街に引っ越すことになる。日本を離れるときに辛かったのは、当時夢中になっていた『週刊少年ジャンプ』と、ダウンタウンの番組が観られなくなることだったのを憶えている。

そこから3年間、ほとんど日本の文化に触れることができなくなり、代わりにオージーの空気を吸い続けたわけで、これはもちろん僕という人間、そして芸人としての僕を形成するのに大きな影響があったはずだ。

僕が日本で高校3年間を過ごしていたら、もうちょっと健やかにお笑いの才能を伸ばしていたかもしれないし、ねじくれすぎて表舞台に現れることはなかったかもしれない。とにかく、僕は3年間をオーストラリアで過ごしたのだ。

まず、英語でしゃべるということに対して、すごく恥ずかしかったのを憶えている。思春期まっ只中なうえ、元来シャイな僕にとって、英語でコミュニケーションをとるというのは非常にハードルが高かった。

英語を習得するために現地でホームステイをしたこともあった。僕を迎え入れてくれたのは、大学生ぐらいの息子が二人いる白人の家庭で、長男は眠そうな顔をしたガールフレンドをしょっちゅう家に連れてきていたのだが、このカップルは僕が存在しないかのように振る舞っていた。次男のほうは、誰がどう見ても不良で、ロン毛にボロボロのバンドTシャツだったが、すごく優しい目をしていて、ホームステイ初日に「音楽は好きか?」と言って、ラジカセを部屋に持ってきてくれた。でも僕は音楽に興味がなかった。申し訳ないので適当なラジオ局に合わせて、しばらく部屋に音を流していた。

またあるときは、彼が突然部屋にやって来て「煙草を吸おう」と誘ってくれた。ついていくと、屋根の上に登らされ、そこには柄の悪い役をやるときのブラッド・ピットみたいなヒゲの人と、これまたザ・不良少女という感じのパンクガールがいた。対する僕は、アジア人のメガネチビ。二人は本当に異文化交流という感じでいろいろ質問してくれたが、僕の拙い英語力のせいで会話は盛り上がらなかった。

しかし、二人とも長男のカップルにはない温かみを持っていた。「もっと仲良くなれたらいいなぁ」と思いながらも、英語をしゃべれない自分が彼らの時間を退屈なものにしているのもわかった。さらに、僕の想像力が暴走してしまい、この優しい人たちが、ひょんなことから僕を集団でリンチし始める未来も高い確率でありえるぞ、と思ってしまった。そう思うと、そんな映画があった気さえしてきた。それが伝わったのか、その日以来、誘われることはなった。

それから、現地の高校に入学することになって、寄宿舎に移った。伝統ある学校で、立派な教会があった。学期途中に編入する形で、事務所でテキストをもらった。たまたま一番上にあった「RELIGION」(宗教)と書かれた教科書を見たときに、「絶対大変じゃん……」と絶望的な気持ちになった。依然として英語には、まったく自信がなかった。

その高校は、大学のように科目によって教室が替わるシステムだった。その初日。僕が生物学の教室の前で待っていると、教室から出てきたアボリジニの少年が、僕に向かって「お前はアジア人か?」と聞いてきた。僕は英語が聞き取れたことがうれしくて、「うん」と答えると、まわりの生徒たちが笑い始めた。まわりからしたら「どう見たってアジア人だろ」という笑いだったのだろう。自分で自分が気の毒になった。その笑いの構造に気付かず、後れをとったことも悔しかった。「いや、俺はアボリジニだよ」と返していたらどうなったんだろう？　そんなことが頭の中をぐるぐると回った。

次の授業は数学だった。そこで僕は、ジャッキーという中国系マレーシア人と出会う。ジャッキーは、僕を見るなりすごい笑顔とすごい訛りのある英語で「どこ出身だ？」と聞いてきた。僕が「日本だ」と答えると、肩を抱いて「ＯＫ！　ＯＫ！　フレンド！　メーン！」と言ってくれた。これが僕をどれだけ救ってくれたことか。

ジャッキーには本当に感謝している。彼は「アジア人はみんな友達だ。オーストラリア人はみんなクソだよ」と、カレーパンマンに似たかわいらしい顔をゆがめて笑った。

この学校には、母国語が英語でない生徒のための英語クラス・ＥＳＬがあった。ＥＳＬのクラスのみんなは本当に優しくて、異国で生きるマイノリティとしての連帯感があったのだろうか、なかなかの絆で結ばれていたと思う。その代わり、普通のオーストラリア人の生徒たちと仲良くなるのは難しかった。

ジャッキーのほかに、僕が最も仲良くしていたのは、韓国人のジュンホーだった。当時オーストラリアに留学しているのはほとんどが東南アジアからの生徒だったので、ジュンホーは珍しい存在だった。彼とは本当に気が合った。

ジャッキーは、おもしろいはおもしろいけれど、どこか異国情緒のあるおもしろさだった。一方のジュンホーは、すごく近い文化で育って、細かいニュアンスまで共感できるという快感があった。韓国という隣の国の出身だったのが大きな理由だと思うが、人間としての馬が合った。そう、おもしろいと思うことが一緒だったのだ。話をしていて「あ、俺おもしろい人間かも」と思わせてくれる友人が、あのときの自分にいたことは、本当にありがたかった。

当時のオーストラリアは、お笑い文化は未開の地であったと思う。大真面目に言って、コメディ映画『クロコダイル・ダンディー』ぐらいしかなかったのではないだろうか。その代わり、アメリカやイギリスのコメディは入って来ていた。

僕の一番のお気に入りは『ザ・シンプソンズ』だった。最初はやたらポップな絵で、子供騙しのアニメだろ?ぐらいの感じで見始めたら、めちゃくちゃ大人の笑いが入っていて堪らなかった。なかでも、ホーマーというお父さんは本当におもしろくて、「これぞ人間」という短絡的で享楽的な生き方は、観る者に清々しい笑いを起こさせ、けれど最後の最後は愛する妻のため、家族のために正しい行動をとり、涙を誘う素敵なキャラだ。

ダウンタウンの次にシンプソンズに心を奪われるとは、誰が予想できただろう。シンプソンズで笑った後はとても幸せになるのだが、同時に、なぜこれを観て笑っているオーストラリア人ともっと仲良くできないのだろうかと思うのだった。

オーストラリアの高校で、芸人になると決心

これまでの人生において、一番辛かった時期は、留学していたオーストラリアの高校で過ごした3年間だった。学校はカソリック系の男子校で、寄宿舎も併設された伝統ある名門校。日本に戻ってから、帰国子女として大学に入学するためには、この高校での成績も統一試験の結果も重要だったので、勉学において一切気は抜けなかった。

高校の科目は大抵難しい。それを英語で学ばないといけないわけだから、「日本語でやらせろ!!」と、枕に顔を押し付けて泣いた夜は何度もあった。

雄大なオーストラリアの大自然にそのストレスを中和してもらうには、僕は若すぎた。

とにかく刺激が欲しくて、たまに入ってくる日本の情報を見ては、「ミスチルって何?」「野茂がメジャーに??」「K－1グランプリ?」「コギャル? ポケベル??」「楽しそう!!」「あーあ、俺も日本にいたらなぁ!!」と、身悶える日々が続いた。

今思えば、たった3年の異国体験、楽しんでなんでも吸収しろよ、とも思うのだが、それは45年の人生を振り返って思える話だ。ジジイのアドバイスだ。17歳の僕からしたら、なんで一生に一度しかない17歳をこんなところで過ごさなきゃいけないんだ!としか思えなかった。

ちなみに、ほかのアジア人の生徒たちは、一学年に数人ずつは同胞がいて、自国のポップカルチャーの情報を共有し合い、楽しそうだった。

僕の一学年上にも日本人の生徒はいたが、彼はオーストラリアでの生活が長い子で、会った初日に

「俺はこの高校で、日本人の評判が下がらないように一生懸命生きてきた。お前も日本人の顔に泥を塗るようなことだけはするなよ」と言われた。それ以来、あまり深く関わりたくないと思ってしまった。たまに日本語恋しさに話しかけに行っても、最後は「また嫌な気持ちになった」と、残念な最後を迎えることが多かった。

このように、オーストラリアにいたときはマイノリティ中のマイノリティとして過ごしていたわけだが、確かに、アジア人というだけで敵視したり、見下してくる人間はいた。けれど、大抵の人は、アジア人というよりも、コミュニケーションを上手くとれないというところから、僕を異質な存在として扱っているのはわかった。彼らは別に人種差別主義者ではなかったはずだ。

最後まで仲良くなることはできなかった現地の白人の生徒たちの気持ちはすごくよくわかった。僕が彼らの立場でも、「もしこっちから話しかけて変な空気になって終わってもなぁ」とか、「片言の友達よりガンガンしゃべれる友達のほうが楽しいよなぁ」と考えて、きっと接触しないという選択肢をとっていたと思う。

「日本語で彼らと話せたらなぁ」と、当時の僕はよく夢想していた。そうすればきっと仲良くなれたはずだ。僕が彼らと同じような感覚を持っていて、彼らを驚かせるようなおもしろいことだって言えるってことを知ってほしかった。そして今なら、彼らだって僕を驚かせるほどおもしろくて魅力的な人たちだったんだろうと想像できる。

言葉というものに苦しめられたからこそ、言葉の重要性と可能性を知ることができた。

僕は、セリフを書くのが上手いとよくほめられる。「言葉」というものに人より敏感だからかもしれない。それはオーストラリアでの生活と無関係とは言えないはずだ。

向こうで仲良くなった友達に、微妙なニュアンスが伝えられなくてもどかしい思いを幾度となく経験した。だから、母国語である日本語のニュアンスの伝わり方を、フェチ的に追求しているのかもしれない。一人称や語尾をちょっと変えるだけで、キャラクターは気持ち悪くなったり、ウザくなったりする。ネタの中でそういう遊びをするのが好きだ。さっきまで一人称が「俺」だった人間が、性的に興奮した瞬間「俺べえ」に変化する気持ち悪さや、反省しているはずの人間が「秒で」という言葉をチョイスする違和感などは、日本語ネイティブだからこそ扱える感覚だと思う。

こないだやったコントでは、あるキャラクターが力でねじ伏せた男に無理矢理女装をさせるという描写があった。最後にそのキャラクターが、女装した男性に麦わら帽子を差し出しながら、「麦で締めろ」というセリフを言う。「最後にこの麦わら帽子をかぶれ」で済むセリフを、「麦で締めろ」なんて言い換えられるのは、コントに20数年を捧げ、日本語の酸いも甘いも噛み分けてきた自分にだからこそできる芸当だと悦に入った。全10回の公演中、そのくだりがウケることは一度もなかったのだが……。

お笑い芸人になると決心したのもオーストラリアにいた頃だった。辛い学園生活を送る中で、人生好きなことをやらないと僕という人間はダメになる、と直感的に思ったからだ。

そして、もうひとつのきっかけが、『天才・たけしの元気が出るテレビ!!』の「お笑い甲子園」という企画で、グレートチキンパワーズという高校生コンビが人気者になったことを伝えるニュースだった。「素人でもネタをできるんだ!」という当たり前のことに気付いた僕は、同じ高校に入って来た3つ下の弟と、カセットテープにネタを吹き込んだりするようになった。

ほとんどダウンタウンのパクリのようなネタだったと思うのだが、聞き返すと腹が経つほどにつまらなかった。それでも、ネタ帳やノートにネタを書き溜めるのは楽しくて、あの頃のどうにもならないフラストレーションを、日本語のネタを書くことで発散できたのは救いだった。

高校最後の2年間は、バーバラという、おばあちゃんと言える年齢の女性の家にホームステイしていた。バーバラとは喧嘩もしたけれど、日本に帰ってからも手紙のやりとりを続けた。別居中の夫と正式に離婚したときには、涙を流す彼女を恐る恐る抱きしめた。彼女の借りてくるクソ映画を一緒に大量に観たことは、今も僕の糧になっているはずだ。

バーバラには恥ずかしげもなく「僕は将来コメディアンになる!」と宣言した。モデルとして大阪万博に来たこともあるというバーバラは、「あなたは私にコメディアンの側面を見せたことはないけれど、そういう人間のほうが可能性を秘めている」と言ってくれた。

芸人として生計が立てられるようになったころ、バーバラは亡くなった。賞金が1000万円の大会で優勝したことを報告できたのは、孝行になったのではないかと思っている。

お笑い芸人を目指すための条件

オーストラリアにいる間に、僕の夢は「お笑い芸人」になった。そうと決まると、とてもワクワクして、授業中にノートの端に「芸人」と書いては悦に入る、という気持ち悪いこともしていた。

日本に帰ったらすぐに吉本興業の養成所、ＮＳＣに入学するべきだと思った。異国での勉強がすべて無意味に終わるなぁと思ったが、そんなことはどうでもよかった。

「日本に帰ったら芸人になるため、大学には行かず、ＮＳＣに入る」という宣言を母親にした。彼女は冷静に「あんたは勉強するのが嫌でそういうことを言ってるだけだから、まずは大学に入れ。そうしたら好きなことしていいから。芸人になるのも反対しない。学歴は芸人になっても邪魔にならないから」「この提案を蹴るようなら、それはあんたが勉強したくなくて言ってる証拠だよ」と、グーの音も出ないことを言われた。

母の言う通り、受験勉強から解放されるということも魅力ではあったのだ。いちいち見抜いてくるんじゃねえよ、というイラ立つ気持ちもあったが、今となっては、早稲田大学出身という肩書は、現在の僕の仕事に大いなる説得力を与えてくれているのだろう。母親に感謝だ。

そうして、僕は親に反対されることもなく、お笑い芸人になるため、引き続き勉学に励むのだった。

ちなみに、父親からも反対された記憶はない。その辺に関しては寛大な両親に感謝したいところでもあるが、真相は、二人して僕を社会不適合者だと思っているらしく、売れる売れないは別にして、サラリーマンになるよりは良いのではないか、と考えていたそうだ。

オーストラリアでは、12月に学年が終わる。先に帰国していた家族のもとに僕は帰った。たった3年ちょっと、と今では思うのだが、長い3年だった。18歳。子供だった自分が、大人になって日本に戻って来たような感覚だった。

芸人になってジャパニーズドリームを摑むため、まずは帰国子女枠で大学に入ることが第一の関門となる。オーストラリアからの帰国子女は珍しいため、現地の全国統一試験の成績では基準がよくわからないということで、アメリカのそれに代わる試験を日本で受けなければならなかった。その試験のための予備校に通って、試験を受けたりした。

勉強は大変だったが、やはり日本の生活は楽しかった。古本屋に行ったりするだけで、まるで天国だった。

9月になると、アメリカの帰国子女たちが日本に帰ってきて、帰国子女枠の受験勉強が始まる。僕は、東北沢にあった河合塾の帰国子女コースに通うことになった。そこにはびっくりするぐらいの数の帰国子女がいた。100人以上はいたイメージだ。久しぶりに日本語で話す友達ができることが新鮮でうれしかった。

河合塾で友達になった男の子で、モデルのようなイケメンがいた。彼はお笑いが好きということで、たしかにおもしろい奴だった。ココリコさんの魅力について語り合ったのを憶えている。もしかしたら、こいつとコンビを組んだりすることもあり得るのか？と思っていたが、途中から彼女ができたかなにかで、彼は予備校に来なくなってしまった。

ちょっとしたファッションショーのランウェイでも見劣りしないような奇抜な格好をしていた彼は、大学に行くと、さらにそのセンスを爆走させ、肩に龍の頭を乗せていた、という噂を聞いた。その龍がどの程度リアルな造形だったのか、教えてくれた友人に聞いてみても、よくわからなかった。

実は、当時の僕がどのくらいお笑い熱をキープしていたのかは、よく憶えていない。お笑い漬けになっていた記憶がないのだ。オーストラリアにいる間は、ずっとお笑いに恋焦がれていたはずなのに。『ボキャブラ天国』もあまり観た記憶がない。不勉強もいいところだ。

深夜ラジオを聴いたり、お笑いライブに行くなんていう発想もなかった。ただ、この頃、偶然入った渋谷の喫茶店で、初めて生でお笑い芸人らしき二人組を見た。

20代後半といった感じの二人組で、一人は髪をオレンジに染めていて、もう一人は髪をツンツンに立てていた。目の前の灰皿は吸い殻でいっぱいで、二人からはギスギスした空気が流れていた。

彼らは『忍者ハットリくん』を題材にネタを作っているようで、一人がなぜかイライラした口調で「ここで『ケムマキじゃねえんだから』って言うのはどう?」と言うと、もう一人が無言のままノートに書いた文字を乱暴に消して、文字を書き加えていた。二人とも肌がカサカサだった。白目の部分も濁っていたと思う。そうか、これが売れない芸人の姿なのか、と恐ろしくなった。

冬になり、帰国子女組の大学受験が始まった。まずは慶應大学だった。僕は、慶應の商学部に書類審査で通過することができた。日本に帰って来てから受けたアメリカの全国統一試験の結果が良かったおかげだろう。

次に面接があって、受かれば慶應ボーイになれるわけだが、その面接の通過率はほぼ100%だった。毎年一人落ちるか落ちないか、という感じだ。こう見えて楽天家の僕は、「50人中一人落ちるテストで落ちるほうが難しいよ」という気持ちで、リラックスして面接に臨んだ。そして、見事に落ちた。たぶん調子に乗っているように見られたのだと思う。

あの日、最初の面接が終わると、僕ともう一人だけ、その場に残されて、臨時で二次面接のようなことが行われた。さすがにこれは非常にマズいと思った僕は、大勢の大人に囲まれながら、真剣に受け答えしたつもりだったが、結果、僕だけが落ちた。「50人中一人落ちるテスト」に落ちてしまった。両親の言う通り、社会不適合者だった。芸人になるための箔が付いたぜ、とは1ミリも思えず。僕は震えながら早稲田大学の受験に取り組んだ。

早稲田は書類審査のほかに、英語、国語、そして小論文のテストと面接があった。とにかく面接が鬼門だ。

面接で早稲田愛を示すために、事前にキャンパスを訪れた。いろんなサークルの「タテカン」と呼ばれる宣伝用の看板が並んでいた。お笑いサークルの看板もあった。面接では正直に「お笑いサークルに入りたい」と語った。国際人になりたいと嘘も言った。

結果、早稲田大学の政治経済学部に合格した。お笑いがやれる……という気持ちよりも、早稲田に受かったことがまずうれしかった。

コントグループ
WAGE
お笑い好きな人!!
プロ志望の人も

第3章　芸人になる

その出会いは運命的だったのかもしれない

早稲田大学の入学式の日だった。たまたま会った河合塾で同じ帰国子女コースだった友達と、その母親の3人で、新入生たちの波に流されながらキャンパスの外を歩いていると、様々なサークルが新入生の波に飛び込まんばかりの活発な勧誘活動をしていた。

揃いのジャンパーやハッピを着た集団に自分が混じっている想像はできなかったが、その活気はまるでお祭りのようで、「遅れて来た俺の青春がようやく始まろうとしている」と、胸が高鳴った。

そんな中、目線の先で、3~4人の普段着の男子学生のグループが、新入生の波に向かって、後ろめたそうにチラシを配っていた。

彼らもサークル勧誘なのだろうか。しかし、チラシを配るその姿勢には、まるで詐欺行為をしているかのような怯えが感じられた。瞬間的に湧いたのは、「弱者」「かわいそう」という二つのイメージだった。そんな彼らから目が離せず凝視していると、その中に見たことのある顔があった。

青いセルロイドのメガネ……「あ！　昨日テレビ出てた人だ！」。僕は心の中で叫んでいた。前日の深夜に観たネタ番組の、素人勝ち抜きコーナーにコンビで出ていたうちの一人がいたのだ。テレビで観た人が、目の前で、しかもサークルの勧誘をしている姿に興奮した。

そのグループがお笑いの人たちだったとわかると、途端にさっきまでの彼らに感じていた憐憫の情が、親近感に変わった。「良さげな人たちだ」と思えた。もっと詳しく言うと、「一緒にお笑いをやるのに良さげな人たちだ」と思えたのだった。

実は、前日の深夜番組で、青いメガネの人のコンビ名の下にテロップで出ていた大学名と所属サークル名を見たときに、「ああ、早稲田にこんなサークルがあるんだ」「そもそもサークルってどうやって入るんだろう?」「自分から部室みたいなところに出向かなきゃいけないのかな」「『お笑いやりたいです』ってどっかの門を叩くのって相当ストレスあるなぁ」「自然と道場破りみたいな空気にならないか?」「先輩とか怖くないのかな?」「俺できるかな?」などと、途端に緊張が込み上げてきたのだ。

なので僕は、「これは渡りに船だ。今は自分のほうが有利な立場にいる」と判断し、自らチラシを受け取りに行って、「僕もお笑いやりたいんです! 昨日テレビ出てましたよね!」と、青メガネの人に声をかけた。有利な立場にいたつもりが、興奮で空回っていたのだろう。とっさに二つの情報をぶつけてしまった。彼も面食らったようで、「ああ、ありがとう! え? お笑いやりたいんだ!?」と、リアクションに見せかけた仲間を呼び集める声を上げる。集合した仲間たちも、一様に興奮気味で、「昨日こいつがテレビ出たから引きがあるかと思って来たけど、全然ダメでビビってたんだよ~」などと、情けないことを正直に教えてくれた。馬が合いそうだと思った。

これでお笑いが始められる。ワクワクする視界の端で、一緒にいた友人の母親が引きつった笑顔をしていた。

ちなみに、その青いメガネの人が、のちに僕がメンバーとして芸能界デビューする5人組お笑いグループWAGEのリーダーとなるモリハヤシさんで、このサークルが前身のコントグループWAGE(Waseda Academic Gag Essence)であった。

入学式当日にお笑いに打ち込める場所を見つけた僕は、相方を探すことにした。同じWAGEの新入生の中で相方を探せばいいのだが、モリさんから「在籍メンバーで5月に新入生歓迎ライブをやるから、それが終わるまで参加は待ってほしい」と諭されてしまった。そのライブまで待ち切れない僕は、ロケットスタートを切るためにも、自力で相方を探すしかなかった。

大概の人が知らずに人生を終えることだろうが、「相方を見つける」というのは、本当に難しい。例えば、あなたが普段おもしろいと思っている人間とネタを一緒にやってみると、「え？　こいつってこんなにおもしろくなかったっけ？」と驚くことだろう。続いて、気を取り直して、ネタをおもしろくするために一緒にネタ作りを始めると、「え？　こいつってこんなにものわかりの悪い奴だったっけ？」と呆れるはずだ。

実は、大学入学前に、二人の友人とネタ合わせをしたことがあった。

一人目は、たまたま入った地元の靴屋さんでバイトをしていた中学の同級生だった。彼はとてもおもしろい男で、中学時代は非常に目立っていた。体は小柄だが、声が大きく、イジり上手な印象だった。たぶんバラエティ番組に出たら、気の利いたガヤを飛ばして活躍するタイプだっただろう。お笑い好きだということで意気投合し、大学1年生ですでに車を乗り回していた彼の車の中でやったネタ合わせは悲惨なものだった。

今ならわかるが、彼は演技がどうこうというタイプの人間ではなかったのだ。コントで女役をやるのに異常なほどの抵抗を見せていた。彼本来のおもしろさを無視したネタをやらせておきながら、「こいつって本当はおもしろくなかったんだ……」と、勝手に落ち込んでしまった。向こうは向こうで、「つまんねぇネタだな」と思っていたのだろう。

二人の関係は自然消滅した。そのせいで、急にお笑いに対して不安になった僕は、慌てて中学の野球部のときの補欠仲間に連絡をして、「お笑いやってみないか？」と誘った。彼は僕と似た性質の男で、ナマケモノに似たキュートな奴だった。久しぶりに話をして、やっぱり会話の感覚が合い、これはいいぞと思い、ネタ合わせをしたら、一発でそいつを大嫌いになってしまった。

そんな経緯があり、大学に入ってから誘ったのは、2カ月ほど前に早稲田に入る帰国子女用の補講クラスで出会った、イタリア帰りのタツヤという関西人だった。一見ハンサムだが、行動が妙にダサく、自分に気があると思って慎重にアプローチしていた女の子が、実は裏で自分の親友のセフレになっていた、みたいなカッコ悪い出来事に巻き込まれるところが好きだった。何より、僕と性質が真逆で、ガンガン関西弁でしゃべるところがコンビとしてはおもしろいと思ったのだ。

タツヤには以前から「大学ではお笑いやりたい」と話していたので、「こんなサークルがあったんだけど一緒に行ってみない？」と、ＷＡＧＥの新歓ライブに誘ったら、話がうまく転がり、いつの間にかコンビを組んでいた。お笑いがやりたくてうずうずしていた僕は、すぐに新たなネタを書き始めた。

初めて観た生のお笑いライブ

大学に入って1カ月間は、「ここはこの世の天国なのかな?」と思うほど楽しかった。人間は自分だけが幸せでも、その場所を天国とは思わないものだ。4月の新入生たちは、皆一様に浮かれ、これから人生のモラトリアム期間をエンジョイしようという生命力に満ちていた。

その頃の僕は、「早くお笑いやりたいな」という気持ち一色だった。入学式でお笑いサークル、コントグループWAGEの勧誘に出会い、当面の進路は決まっていた。あとは、WAGEの新歓ライブが終わり、新人が入部するタイミングで学生芸人としてのスタートダッシュをかますだけだ、と息巻いていた。かなり浮かれていたと思う。どこに行っても空気がうまかった。

4月も終わりの頃、大学の入り口でサークルの勧誘をしているWAGEの人たちに遭遇した。入学式の日にはいなかったメンバーもいて、サークルの幹事長でもあるモリハヤシさんが「コイツうちの天才だよ」と、ある人物を紹介してくれた。正直そのノリにちょっと引いたし、色の白い、つぶらな目のその学生は、おもしろそうには見えなかった。地元の駄菓子屋の挙動不審な店主に似ていた。しかし、僕は新入生歓迎ライブで、彼とWAGEのメンバーに心を撃ち抜かれるのだった。

待ちに待った新入生歓迎ライブは、第二学生会館と呼ばれる古い建物の一室で行われた。それは、いわば単なる会議室だった。部屋の壁には暗幕がぐるりと張られ、舞台はとくに高くなっているわけでもなく、簡易的な照明が一応ステージの場所を照らしていた。舞台の奥は剥き出しの壁を避けるためか、よしずが立て掛けられていた。

観客は地べたに座って観るスタイルだった。よしずには半紙が貼ってあり、そこに「人生50年」などと何かしらの言葉が書いてあった。僕は、そういう演出にいちいち感心しながら、手作り感溢れる会場に胸を高鳴らせていた。

ライブが始まった。考えてみたら、生まれて初めてのお笑いライブだった。人間が至近距離で、その時間に集まった人間を笑わせるためだけに、声を発し、体を動かすのを初めて観た。

おもしろかった。

ネタが変わるごとに演者も変わって、新しいお話が始まって、さっきの演者が別人の役で出て来て、さっきと違う人と絡んで、また変わって……。

いろんな世界がクリーム色の照明の中に出現しては消えた。それは控えめに言って、素晴らしい体験だった。まるで本物の魔法を観たような感動があった。とても刺激的でありながら、母胎に帰るような安心感やノスタルジーを喚起された。

生だったからすごかったのか、この人たちがおもしろかったのか、その両方なのか。わからないけど、僕は「出会った」と確信した。それは、もちろんそのまま「お笑いサークルのおもしろい人たち」に出会ったという意味のはずなのだろうけど、なぜか僕は、自分の中にいた本当の自分に出会ったような気がしていた。

好きだ。僕は今観たものが好きだ。僕の心臓が鼓動するたびに、心が勝手にそう繰り返していた。

思えば、手作り感溢れる会場を見たとき、実は多少の不安を感じた。このサークルは本当に大丈夫なのだろうか？　入る気満々で積極的に接してきたけど、つまんなかった場合の保険を掛けていなかった。

「人生50年」と書かれた半紙に関しては、あんまり視界に入れないようにしようとか、いろいろ気を遣いながら床と接する尻の感触に神経を集中させていた。

おもしろすぎたら怖じ気づいちゃうけど、つまんなすぎたら関係を断つぞ、と渦巻く僕の厄介な思考は、ライブが始まるとともに、すぐに落ち着き、のぼせ気味に「なんだ〜この人たちおもしろいじゃーん」となったわけだ。中でも、モリさんの相方の井手さん（2年生）と、前に天才と紹介された高橋さん（3年生）はとてもおもしろく、さっそく僕の中でライバル認定した。

ライブ後、新人歓迎の打ち上げが行われた。会場である「わっしょい」という今もある居酒屋まで歩く間、漫才をやっていた2年生の人から、「どうだった？」と話しかけられた。一通り褒めたあと、「ただ、せっかくおもしろいのに、簡単な笑いのとり方のところがあって、それがもったいなかった」と、バカ正直に答えた。

一瞬の沈黙は「人前に立ったこともない人間が何言ってんだよ！」というツッコミのように感じ、急に恥ずかしくなった。しかし、その先輩は良い人だったので「……あそこだよね。あれ、実は俺もやりたくないんだ。やっぱバレちゃうかぁ」と、しょんぼりした顔をした。僕は、その表情よりも、裏に少しでも怒りの火がないか見定めようとしたが、よくわからなかった。

あとから知るのだが、その人はほとんどサークル活動には参加してない人だった。ほかに楽しいことがある人だったのだろう。学生で芸人をやるというのは、なかなか変わった行為だ。

WAGEに入って驚いたのが、先輩たちはただ単にお笑いが好きというだけではなく、どういう風にお笑いに関わるかをすごく気にしていた。例えば「自分が本当にお笑いが好きなら、スベッてもいいと思うんだよ。でも学生の分際で芸人やってたら、スベッちゃダメなんだよ」と言ってみたり、「もしお笑いやめたら、もうどこかの社会でおもしろい人間になろうと思わない」とか「売れない芸人は一番カッコ悪いからな」など、思い返すとかわいいとしか思えないことをいろいろ言っていた。

ほかにも、WAGEに入ってすぐ、井手さんと高橋さんと一緒に、別の大学の落語研究会の寄席を観に行ったとき、二人は行きの電車内でずっと「笑わせるならヤンキーを笑わせたいな」「暗い奴も笑わせたいけど」などと語り合っていて、一言も言葉を挟めなかったことがあった。僕が「気持ち悪い会話してんじゃねえよ！」と言っていたら、たぶん笑ってくれていたことだろう。

あのときは半分カマされていたと思うのだけど、実際この二人の才能はすごくて、素人参加型のお笑い番組では実績を残していたし、プレイヤーとしても作家としても、その後の僕の芸人人生の中でもなかなか出会ったことがないレベルだった。二人が芸人になっていたらどうなっていたのだろうと、今でもたまに思うのだ。
さあ、そんな恵まれた環境で、僕の芸人人生がついにスタートする。

初舞台というやつ

無事に早稲田大学のお笑いサークル・コントグループWAGEに所属した僕は、約1カ月後に「新人ライブ」で初舞台を踏むことが決定した。場所は少し前に僕が人生初の生の笑いの洗礼を受けた大学の施設の一室だ。

サークルに入った新入生は全部で10人弱だったと思う。WAGEでは、ネタを書きたい人が書いて、それに出てもらいたい人に声をかける、というスタイルだったようで、新人もそれに倣った。

僕はWAGEに入るにあたって、コンビを組んだイタリアからの帰国子女のタツヤという男とのコンビネタと、数人でやるコントを何本か書いた記憶がある。

もう一人、ネタを何本か書いてきたアキラという男がいた。彼は、自称反町隆史似の目がギョロギョロした男だったが、ツッコミのときの威勢の良さが常人離れしていた。素人が「なんでだよ！」とツッコむと、大抵はサムい空気が漂うものだが、謎の自信に根ざした彼の発声は、そのサムさを蒸発させてしまうような熱気があった。ツッコミ志望でネタを書いてきたのもアキラぐらいだった。

そのアキラに誘われて、彼の書いたコントに出ることになった。正直、アキラの書いてきたネタはおもしろくなかったが、体育館の前の広場でネタを合わせながら、アドリブみたいなことをやったとき、彼は喜んでツッコんでくれた。そして「う大の好きなようにボケを変えていい」とも言ってくれたので、結局ネタを持ち帰り、原形がないほどに変えてしまった。それでもアキラは機嫌よくツッコんでくれた。ネタ合わせ、ネタ作りというものが楽しいと感じた初めての瞬間だった。

もともとダウンタウンが好きで、シュールなネタが好きだった僕は、この頃また新たなコンビに心を奪われていた。フォークダンスＤＥ成子坂というコンビだ。

今では知る人ぞ知る存在なのかもしれないが、アキラから紹介されたそのコンビは、ルックスはそのへんにいる音楽とか好きそうなカッコいいお兄さん、という感じにもかかわらず、やるネタは本当に感覚的で、シュールでバカバカしく妖しい色気のようなものまで感じた。何より、その頃シュールなネタをやる人たちにどうしても感じられたダウンタウン臭というものが感じられなかった。

ダウンタウンさんは好きだけど、その影響をモロに感じるコンビには違和感を覚えていたところに、しっかりとおもしろく、オリジナリティを感じさせるコンビを知ったことで、お笑いというフィールドの懐の深さを感じたし、自分がこれからお笑いを始めるにあたって、人真似では観る人にバレるという戒めを、改めて心に刻んだ。

そして臨んだ新人ライブ。正直、ライブ中のことよりも、ライブ直前に先輩の井手さんから外の非常階段に呼び出され、「今年の新人ではう大がズバ抜けてるって、みんな言ってるから、自信持ってやったらいいと思うよ」とアドバイスされたときのほうが印象に残っている。

新人ライブに向けた練習を先輩方には見せていたが、そんなふうに見てくれていたとは知らなかった。なんとなく持っていた、自分はお笑いに向いているかもしれない、という漠然とした不確かな自信が、すごい勢いで固まっていくのを感じた。

思えば、人生で何かに秀でた記憶がなかった。習い事で言えば、スイミングもピアノもダメだったし、部活の野球ではレギュラーにすらなれなかったし、勉強もいくら必死でやったところで楽々と自分の上をいく人間はそこら中にいた。

自分にもきっと何かあるはずだと信じてきた。そして、一番ほしかった才能が僕にはあったんだ。「ありがとうございます」とお礼を言ったあと、眼下に広がる町並みを目に焼き付けようとした。「俺の夢はこのたくさんのビルや屋根の下で生きている人たちの人気者になることだ！　待っててくれ！　お茶の間！」と真面目に思った。

結果、僕はめちゃくちゃウケた。ウケたことによりリラックスして、笑いはどんどん増幅していった。調子に乗ってカマしたアドリブもウケた。そのアドリブに仲間たちが参加して、妙に恥ずかしい気持ちになったりもした。ハラハラドキドキのなか、ネタが始まり、なんとか毎回笑いを起こしていく。それを繰り返し、大健闘の新人ライブは幕を閉じた。

その後、イタリア帰りのタツヤには申し訳ないが、まわりの勧めもあって、僕はアキラとコンビを組むことになった。薄情なことに、新人ライブでタツヤとどんなネタをやったかすら憶えていないが、彼が他の人と「ポーキー」というコンビでアップテンポな漫才をしていた姿だけはハッキリと憶えている。

アキラはお笑いに熱い男だった。高田馬場にあった彼の部屋に遊びに行くと、お笑いのビデオがいっぱいあったし、永六輔さん著の『芸人』という本が枕元に転がっていた。僕の「シュール8で、ベタ2ぐらいの割合のネタが理想だな」という思い返すと恥ずかしい発言も、真剣な顔で聞いてくれた。同じ熱量で笑いに打ち込める相方を得たことが、とにかくうれしかった。

あるとき、音楽サークルが吉祥寺でやるライブの幕間にコントを披露してほしい、という誘いがあり、WAGEの選抜メンバーで参加することになった。もちろん、僕らのコンビは新ネタで挑むことにした。人生二度目の舞台。先輩たちと並んで立つ舞台。気合十分で当日を迎えた。

そこで僕らは、本当に一笑いもないほどにスベるのだった。主催した音楽サークルの連中が客席にいるのが見えて、「せめてお前らは笑えよ！」と殴りかかりたかったし、真顔をこちらに向けている最前列の客の顔面を蹴とばしてやろうかと思った。すべて恐怖から来る怒りだった。

実家が近いということで、チャリで会場に来ていた僕は、ライブが終わると一人逃げるように家へ帰った。

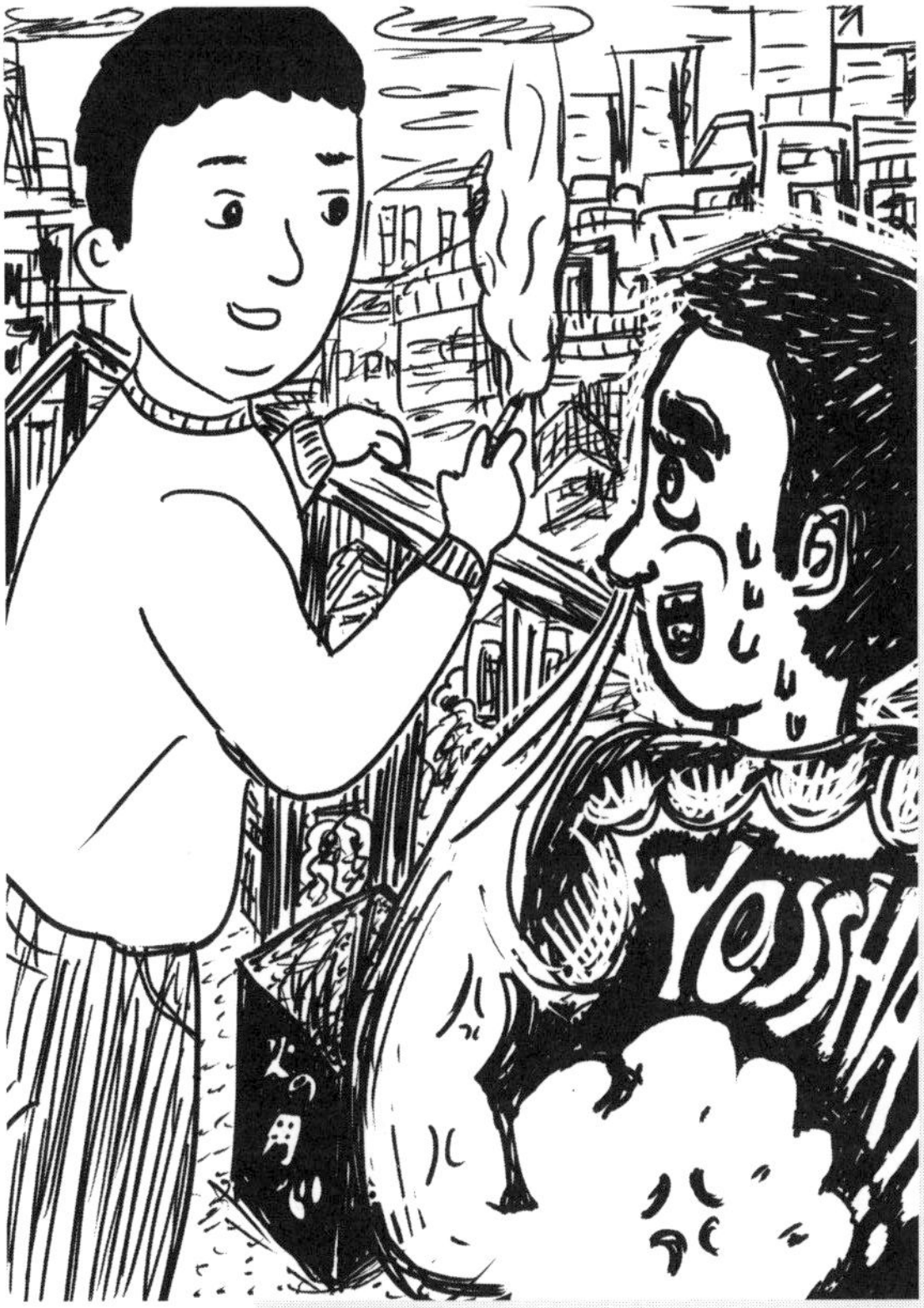

先輩たちはしっかりウケていた。「野球」を「野菜」と言ってしまう球児のネタがつまらなかったのか……。いろんな人の期待を裏切ってしまった。だんだんとすべての人に申し訳なくなった。

お笑いって怖い。テレビで芸人さんが言っていた「スベると死にたくなる」って、本当だったんだ。そう思いながら、青梅街道の交差点で信号を待っていると、目の前で車と車が衝突して、バーンと大きな音がした。初めて見る光景に足がすくんだ。幸い、大きなケガ人はいなかったが、冷静になった僕は「もっと生きるし！　もっとウケる！」と、強く胸に誓ったのだった。

憧れの若手芸人になる

早稲田のお笑いサークルで出会ったアキラと組んだコンビは「ユニタング」と命名した。ウルトラマンの怪獣から拝借した名前で、勝手に「UNITONGUE と表記したら『ひとつの舌』になるから、二人でひとつのことを表現するお笑いコンビにぴったりだ」と、今思うと恥ずかしい意気込みの末の命名だった。確認し合うまでもなく、お互いプロ志向だったので、まずはサークルの活動でもある月1回のライブでネタをやりながら、外部のライブのオーディションに出られるようにしていこう、と話し合った。

オーディションの情報などはアキラが探してきてくれて、代わりに僕がネタを書いた。この分担も若手お笑いコンビらしくて、憧れていた活動ができる喜びを噛み締めた。

中野でやっているお笑いライブに出るために、初めてオーディションを受けに行った。詳しい場所は憶えていないが、雑草に囲まれた空き家を貸会議室として使っているようなところでオーディションは行われた。だいたい同じ年頃の、目に生気のない若者たちが床に体育座りをし、審査をするライブ主催者の若手芸人が長机に座った。参加者の中には、妙に慣れた振る舞いの人間もいたりして、僕はだんだん緊張してきた。すると、途端にまわりの人間が自分たちよりおもしろく思えてくる。

しかし、オーディションが始まると、なんてことはない、みんな全然おもしろくなかった。出てくるコンビ出てくるコンビ、普通の人よりつまんないんじゃないかというぐらい、つまらなかった。「サークルの先輩たちはやっぱりおもしろかったんだ」と、うれしくなった僕は、自分たちの番になると「ここにいる全員、今日でお笑いやめさせてあげるよ」という気持ちで、ゆっくりと立ち上がり、位置についてネタを披露した。

目の前の長机に座った主催者の芸人の目の色に一切の変化はなかった。おかしい。流れ作業のような感想をもらい、僕はいつの間にか、もとの場所に座っていた。「え？ 終わった？」と、あとからだんだん恐怖に似た感情が襲ってきた。俺は天才じゃなかったのか？

手応えのないオーディションだったが、結果は受かっていた。そのライブには先輩のモリさんと井手さんのコンビ・ハイデハイデも出ていたのだが、一般的に知られているような芸人さんは1組もいなかった。僕らのネタは、ウケたはウケたが、満足のいくような結果ではなく、ハイデハイデは当たり前のように優勝していた。この頃の僕は、とにかく焦っていた。ダウンタウンは養成所で見せた漫才で、島田紳助さんの度肝を抜いたらしい。だとしたら、せめてその辺の芸人の度肝は抜けないとダメだろうと思っていたのだ。

月1であったサークルのライブでは、良い感じにネタをできていた。コンビのネタだけではなく、トリオネタや、もっと大勢のコントを書くのが好きだったし、得意だった。もともと『ダウンタウンのごっつええ感じ』でお笑いに目覚めたからなのか、テレビコントのように、ある程度の人数が出てくるネタを書くのは楽しかった。

アキラとコンビを組んで3カ月後ぐらいに、ホリプロのネタ見せを受けに行った。当時大好きだったフォークダンスDE成子坂さんが所属していたし、ホリプロという誰もが知っている名前に憧れがあった。そして、そんなちゃんとしたところの人なら自分の才能を見逃すわけはないと思った。

当日、ホリプロのビルへ行くと、本当に大勢の参加者がいた。ネタ見せは、屋上にある大きなプレハブ小屋の中で行われていた。屋上に続く階段から始まる列はヘビのようにうねり、プレハブ小屋の中へと続いている。並んだ人間は皆パチンコ屋にいそうな若者か、予備校生のような見た目をしている。

この人たちがテレビで人気を得ることは絶対にないだろうと思った。同じような見た目をしながら、僕は「自分たちには極上のネタがある！」と、きっとその場にいた誰しもが思っているようなことを思いながら、ネタを頭の中で繰り返した。

待っている間に書かされたプロフィールに「好きなお笑い芸人」の項目があった。もちろん僕はダウンタウン一択だったのだが、ふと隣の若者を見ると、そこには「ネプチューン」と記入されていた。衝撃だった。当時ネプチューンさんは、一世を風靡した『ボキャブラ天国』のあとも安定した人気のトリオだったが、まだまだ若手芸人という枠で、これからお笑いの世界に飛び込もうとする人間が書くべきではないと思った。しかし、そのことに思考を巡らせているうちに、逆にこの若者は素直で柔軟な柔らか脳のすごい才能の持ち主なのではないか、という結果に辿り着き、またまわりが全員自分よりおもしろく見えてきたのだった。

プレハブの中は異様な緊張感に包まれていた。例えるなら、プロレスの合宿所といったような、張り詰めた空気だ。「まずこのプレッシャーをはねのけてネタを届けてみろ」という無言のメッセージを感じた。

やがてユニタングの番になり、ネタを披露した。アキラの大きな声のツッコミが虚しく響く。全然ダメだった。たしかネタは、先生と保護者の面談で、最終的に保護者の顔に先生役の僕が輪ゴムを何発か撃ち込むという、悲劇で終わるコントだった。好きなくだりだったのだがまったく刺さらなかった。

帰り道、「売れるかどうかというより、プロにすらなれないかもしれない……」と、震えるほど落ち込んだのを憶えている。自分が持っていると思った笑いの才能は単なる錯覚だったのだろうか。

今から思えば、輪ゴムを顔に飛ばすなんてことを舞台上でやっても見えないよ、という話だ。でも当時の僕は「見える見えないの前に、おもしろいかどうかでしょ!」というマインドだった。いや、まずは「見える見えない」だろう。一事が万事その調子だった。

「おもしろいことをやっていれば、必ず見つけてもらえる。下手な宝石になるよりは、ダイヤの原石として正しい輝きを秘めてなくてはいけない」と、勝手に背負いこんでいた。磨けるところはどこでも磨いて宝石を装うべきなのだ、と今ではわかる。

しかし、今の僕も、いまだマインドとしては変わらないところがある。自分にしか放てない光で認められたい。笑いに対しての「それをやればウケるのはわかるけど、僕がやる意味あるの?」という厄介な思考は、もはや病いと言えるのかもしれない。

どうしてもプロになりたい

僕が初めて組んだコンビ「ユニタング」は、結局半年ほどでほぼ活動を休止してしまう。今だったら相方に対して、もっとこうツッコんでほしいとか、いろいろ注文をつけていたであろうことも、当時は自分が口を出すのは違うと勝手に思ってしまって、黙っているうちにネタ見せの結果も芳しくないまま、自然と二人でやるネタの限界を僕のほうが感じてしまったのが原因だった。

二人でやるネタを書かなくなったことに対して、アキラはとくに何も言ってこなかった。しばらくして、僕のやる気が再び盛り上がってきたころ、サークル仲間から、アキラはもうプロ志望ではないという話を偶然聞いた。途端にとても寂しい気持ちになった。

ユニタングが解散してしまうということよりも、あんなにお笑いに情熱を傾けていたアキラという友達が、お笑いを諦める決断に至ったことが寂しく、とても心細くなった。

それから、機会があればサークルのメンバーとコンビを組んで、アマチュアが出るお笑いの大会などに出ていたが、いつも結果は散々なものだった。そのときに評価されている芸人たちは、どれもおもしろいというより、話題性があったり、器用なだけの笑いだと、僕は頑なに負けを認めなかった。

サークルのライブで披露する大人数のコントではとても活躍できるのに、お笑いのコンテストなどでは箸にも棒にもかからなかった。そして、僕は気付いてしまった。大人数のコントでは、僕は大ボケ、特殊なボケを担当していた。それがコンビのネタになると、一人のオールマイティなボケとしていろいろとボケて、話の筋も伝えて、などと役割が多くなり、それが僕の性に合っていなかったのだ。

先輩たちに相談したところ、答えは「本当にそうかも……」ということだった。そんな人間がプロのお笑い芸人になれるのだろうか。なんてことを悩んでいるうちに、僕が憧れていたサークルの先輩はとっくに就活を始めていた。そう、あんなにおもしろい先輩たちもみな、お笑いは一時期の楽しみだったのだ。

プロになる気がなくてもお笑いをやる人たちを、僕はすごく素敵だと思う。本当にお笑いが好きなんだなぁと思う。もし自分がプロになるつもりがなかったのなら、絶対にやってなかったと思うからだ。僕はなぜあんなにもプロになることにこだわっていたのだろうか。自分でもよくわからない。とにかくプロになりたかった僕は、先輩たちの「やるならデカい事務所に入ったほうがいいから、絶対吉本だよ」という勧めもあって、翌年からNSCに入ることを決意した。

話は少し戻るが、この頃、多くの先輩がサークル活動を卒業してしまい、僕が2年生のときには、1コ上の井手さんしかサークルに残っていなかった。入って来た新入生たちが何人かいたのだが、ちょうど僕もアキラとのコンビ活動を休止している、やる気のない時期で、井手さんも相方だったモリさんがフジテレビに就職が決まっていたりで、コントグループWAGEは覇気のないサークルになっていた。

新入生に一人、若かりし頃の千原ジュニアさん並みに目の鋭い関西人がいたのだが、彼を筆頭に、WAGEに見切りをつけた人たちが、「お笑い工房LUDO」というサークルを立ち上げた。そのサークルの立て看板を見た僕らは、「何が工房だよ」と鼻で笑っていたが、LUDOは今や日本最大級のお笑いサークルとなっている。自分たちの怠慢から生まれたものが、大きく花開くことがあるんだと素直に勉強になった。

NSCの入学式は四谷区民ホールで行われた。入学式に遅れてきた人間はそのまま退学になったと聞いたので、自分が慣れ親しんだ常識が通じない場所に来たのだと怖くもあったが、身が引き締まった。そのホールで、夜は過去のNSC卒業生によるお笑いライブが行われるので、観たい人間は残るようにと言われた。

お手並み拝見という気持ちで観たライブには、知っているような組はひとつも出ていなかったが、あるトリオがびっくりするぐらいおもしろくて興奮した。忘れもしない、ロバートさんだ。シュールな言葉で爆笑を起こしていく秋山さんは、今よりもずっとクールで、淡々と笑いを起こしていた。すごい人がいるもんだなぁと驚いたのを憶えている。

NSCの授業はとても厳しく、あだ名は「鬼」と呼ばれるべき講師やスタッフが何人もいた。だが、緊張が強いぶん、反動で些細なことがとても楽しくもあった。

反省文を原稿用紙100枚書かされている生徒が何人もいて、それだけは絶対に嫌だと思い、なるべく怒られないようにしていたが、理由も憶えていないことで頭を思いっきり叩かれたことが2回はあった。ただ、理不尽な罰をくらった生徒の話を聞くのは楽しかった。そして何より、ネタで褒められるのはうれしかった。オーディションやコンテストの一発勝負で実力を発揮できない自分としては、1年間かけてアピールできるのも良かった。そもそも、学生芸人とはいえ、2年間活動していたこともあり、僕は成績優秀なほうだった。

入学当初はピン芸人としてネタ見せを受けていたが、もちろん誰かとコンビを組むつもりでいたところに、佐藤大という、身長と声の大きな丸坊主の男から声を掛けられた。

大君は地元の友達とNSCに入学してきたクチで、物怖じしないひょうきんな態度で目立っていたが、聞くと友達が早々にお笑いに興味がなくなってしまったということだった。「岩崎さんおもしろいんで、

ぜひ自分と組んでほしいです」と、2つ年下の大君に言われ、とりあえずネタをやってみようという話になった。

大君はおもしろくないところがおもしろくなるタイプの男で、声もデカいし、自分とは真逆のところが気に入った。ツッコミのタイプとしてはアキラと似ていたが、大君のほうがバカな雰囲気だった。

初めて一緒にやったネタは、母親が同窓会に行っている間、留守番をすることになった父親と子供の設定で、「岩崎さんが変な息子で、俺が父親で振り回されるみたいなのやれたらおもしろいと思ってたんです」という大君のアイデアを採用し、僕がネタを書いた。

ネタ見せの授業での評価はまあまあ上出来で、講師の勧めもあり、コンビを組むことにした。卒業までにこの場で一番おもしろいコンビになれば、それなりの芸人にはなれるはずだ。すごく単純明快な目標に胸が高鳴った。

大君とのコンビ名は「ツユクサ」にした。流行り廃りのない名前にしたかったからだ。

新しい波に乗れるのだろうか？

ＮＳＣでの月日はあっという間に過ぎていく。大君と僕のコンビ「ツユクサ」は、選抜コースに選ばれて、日々お笑いを頑張っていたが、僕の中には常に焦りがあった。

その頃、香取慎吾さんが司会の、若手芸人を紹介するちょっと異色な深夜番組があった。フジテレビの『新しい波８』という番組で、８年周期でスターが誕生すると言われているお笑い界で、新しいスターを発掘するというコンセプトのもと、１組の芸人が何本かネタをする番組だった。

総合演出は『めちゃ×２イケてるッ！』を手がけた片岡飛鳥さん。密室の小劇場のような雰囲気のスタジオで、１組ずつ芸人がネタを披露していく。その様子は芸人のミニ単独ライブのようでもあり、僕は個人的にすごく好きな雰囲気の番組だった。

そして、実際この番組が、お笑い界の歴史に名を刻んだと言っても少しも大袈裟ではない、伝説の深夜番組『はねるのトびら』となり、『新しい波８』で実力を発揮した新スターに相応しいメンバーが選ばれるのだが、それは１年ほど後の話である。

新しい波に乗らなくてはいけない。８年周期がもう来てしまっているのなら、今から間に合うのだろうか。ＮＳＣに入ってすぐ、講師から「お前たちに未来はないと思え」ということを言われた。続けて講師は、ホワイトボードにピラミッドを書いて、「お前らはこの底辺にいるんだよ」と説明し始めた。講師の言うことはまったく正しかった。けれど、現実を見ていてはお笑い芸人なんて目指せない。いろんな不都合から目を逸らして、若手芸人は売れる道を目指すのだ。

しかし、あの頃の僕は、なぜか非常に焦っていた。大君とは仲良くやっていたが、ネタに関して行き詰まり始めていた。売れるコンビとして活動していくには、確固たる個性が必要だ。そのためには、二人にしかできないネタをやっていくしかない。それは何だ?と、常にいろんなタイプのネタを試していた。最初はボケとツッコミをしっかり分けていたが、そのスタイルはあまりにも普通すぎる。僕と大君にしかできないネタを探さなきゃ、と躍起になるうちに、どんどんネタがぎくしゃくしていった。

人力舎の養成所JCAとの対抗戦で、ツユクサはこんなネタをやった。隣の家の子供が外に出されて泣いていて、事情を聞くと「夕飯で好き嫌いしてママに怒られた」というので、「そっか、お兄ちゃんも好き嫌いしてたなぁ。何が食べられなかったの? ピーマン?」と聞くと、子供が「牛の……歯茎」と答えるネタ。これがあまりにもウケなかった。NSCでダンスの講師だったラッキィ池田さんが「あのネタはツマらなかった!」と、ライブ後に朗らかに振り返るほどスベった。

その頃、NSCの一期上の卒業生で、スタッフとして授業に参加されていた5GAPさんが『新しい波8』に出るということで、収録前の練習も兼ねて、講師の人が「お前らネタやってやれ」という流れから、授業中にネタを披露してくれた。

今ではおバカコントのスペシャリストとして名高いお二人だが、当時は動きのある、オーソドックスだけど洗練されたネタをやられていて、そのときに見せてくれたキャビンアテンダントのコントは、生意気な生徒たちも唸る圧巻の出来栄えだった。

おもしろいだけじゃなく、表現力、演技力など、あらゆる要素において差を感じた。しかし収録では、同じ回だった劇団ひとりさんに「圧倒された」と5GAPさんは語っていて、後日オンエアを観ると、たしかに劇団ひとりさんのネタは悪魔的なおもしろさで、頭の中にはあの日見たホワイトボードのピラミッドが浮かんできたのだった。

自分はとんでもない愚か者なのかもしれない。新しいネタを考えたところで、当たるかわからない宝くじを1枚ずつ買い足しているような虚しさがあった。そういう考えを追い出すために、目をつぶるしかなかった。

焦りは募るばかり、僕はネタを量産しては大君と試した。いつか当たりが出るかもしれないと思って量産する新ネタは、いたずらにコンビの時計を早回ししただけで、「いろいろ試したけどダメだった」という悲しく苦しい手応えしか残らなかった。

もっとゆっくりやっていれば、違った結果になっていたかもしれない。

大君とでしかできないことを……と思ってやってきたことは、結局独りよがりだった気さえする。どんなネタが大君に合っているのだろうと思って作ってくる新ネタは、いつも方向性が違って、結果、大君を戸惑わせていたことだろう。

年が明けた頃、大学のサークル・コントグループWAGEがプロになるという話が持ち上がってきた。大手芸能プロダクションのアミューズが、大学生お笑いをプロデュースするというのだ。実は、僕がNSC在学中に、そのためのイベントがスタートしていて、「う大も出てくれない？」と井手さんから誘われていたのだが、NSCでの活動に集中したいという理由で断っていた。

井手さん率いるWAGEは、そのイベントで好成績を残し、アミューズで預かりになった。これはWAGEにとって大きなチャンスだった。井手さんは「フジテレビに就職した森さんも戻ってくるかもしれない。そうなったら、う大もこっちでやってみない？」と、僕を誘ってくれた。

やはりコンビでの活動は自分には向かないのかもしれないと、改めて思っていた矢先の出来事だった。

大人数でやるコント、それでプロになれたら最高だと思った。しかし、状況は複雑で、井手さんはこの段階でＴＢＳの内定が決まりそうでもあり、「ＴＢＳに受かったらそっちに行くかもしれないから、う大のことも強く誘えない」ということだった。人生の分かれ目だ。

どうしても大好きだったＷＡＧＥでプロを目指したかった僕は、大君をＷＡＧＥに誘った。「俺は吉本に残ります」と言った大君の選択は正しかったと思う。あのとき、吉本に残る決断をしていなかったら、椿鬼奴さんとの結婚もなかったことだろう。

ツユクサはＮＳＣの卒業とともに解散となった。井手さんはＴＢＳに内定が決まった。

僕の新たなミッションは、井手さんがＴＢＳに就職してしまう前に、アミューズからＷＡＧＥでいい感じにデビューして、順風満帆な芸能生活を送ることで、井手さんを引き留めることだった。井手さんと森さんがいれば、絶対に大丈夫だと信じていた。

エースの脱退

ダウンタウンに憧れてお笑いを始め、NSCにまで行ったが、自分は吉本でコンビの芸人になるタイプの芸風ではないと気付いた僕は、大学生からお笑いユニットを売り出そうという大手芸能プロダクション・アミューズのプロジェクトに全乗っかりする形で、古巣である早稲田大学のWAGEに戻った。

初めてお笑いをやった場所でもある、コントサークルWAGEがプロデビューできるなんて、夢のようだった。まずはアミューズに仮所属ということで、契約するために人数をはっきり決めるように言われた。WAGEは10人ほどいたサークルのメンバーの中から、ネタによって必要な人数でパフォーマンスしていたが、「プロデビューするには5人か6人が現実的な数字だろう」と、みんなで話し合った。実際、当時大人気だったマギーさん率いるジョビジョバさんは6人だった。

中井で一人暮らしをしていた仲田という後輩の家に集まり、みんなで人選を決めた。なかなか辛い話し合いだった。それぞれが自分の名前を入れた理想のメンバーを発表し合わなくてはいけない局面もあった。誰からも名前を出されない人間もいた。朝方、家に帰る頃には、みんな心労でヘトヘトになっていた。

選ばれたのは、フジテレビを退職した森さんと、TBSに内定が決まっている井手さん、そして僕と、僕の同期の野中、のちに「そんなの関係ねぇ!」で一世を風靡する小島よしお、現在の僕の相方である槙尾だった。部屋を提供してくれた仲田は選ばれなかった。容赦のない決断だった。辛すぎて帰り道に泣いてしまったのを憶えている。

ちなみに、野中はもともとミュージシャン志望で、コミックソングのような歌を大真面目に歌うピュアな男だった。彼ものちに、MBSが主催する『歌ネタ王決定戦』という番組の第2回大会（2014年）で、芸名・手賀沼ジュンとして優勝するので、人選に間違いはなかったと思う。

それから、アミューズ主催で行われる毎月のお笑いライブで、他の大学の芸人たちと切磋琢磨する日々が始まった。その中には、ザ・ギースの尾関さんや、どきどきキャンプの二人もいた。そのライブに関わっていた二人の作家さんは、NSC時代に講師として来ていた方だったりもして、お笑いの世界って狭いんだなぁと感じたものだ。

その頃に学んだ、吉本王国に真正面から立ち向かっても敵うはずがないのだから、「自分たちらしさを活かせ」というモットーを感じるダメ出しは、今でも僕の中にしっかり血肉となって残っている。定期的に舞台に立って、頭の中は常にお笑いのことでいっぱいだった。

この頃からようやく、売れてはいないが、芸人と名乗ってもおかしくはないマインドで生きはじめることができたような気がする。とはいえ、現在「お前は本当に芸人か？」と聞かれると、また返答に難しいところではあるのだが……。芸人とは、僕にとって一生憧れの職業なのかもしれない。

当時は無茶苦茶な時代でもあった。コンプライアンスなんてものはない頃の話だ。上が白と言えば、黒いものも白くなるような芸能界。例えば、日韓ワールドカップで日本がロシアに勝利した夜、居酒屋での盛り上がり方が一般客に負けていたという理由で、定例ライブの打ち上げが悪夢のような制裁の場に変わったことがあった……これ以上、詳しくは書けないが、こんなのはまだ理由が明瞭でいい。とにかくいろんなことがあったが、芸人を目指すというのは、そういうことだと解釈していた。

とはいえ、事務所の定例ライブでのWAGEの活躍はいい感じで、ライブのMCも井手さんが務めていた。「MCってマスター・オブ・セレモニーの略なんだって。カッコいいよな」と、井手さんに教えてもらったことがある。WAGEのエースで、理論派でもあるけど、感覚的な人でもある。おもしろい男の中のおもしろい男だ。外に出ても、しっかりと評価されて、MCも任されて、僕はそれが誇らしかった。

新撰組でいうと、井手さんが土方歳三で、僕が沖田総司だ。リーダーの森さんは近藤勇だろう。井手さんと一緒にコントをして、横でボケるのが好きだった。井手さんが大ボケで、僕は変ボケ。居心地が良かった。

しかし、井手さんはTBSに内定が決まっていたので、そのままいけばお笑いをやめてしまう。その前にWAGEが軌道に乗らなくては……というのが残りの5人の総意だった。

コントの稽古は早稲田大学でやっていたので、よく井手さんと高田馬場まで歩いた。井手さんは留年していたので5年生、僕は4年生だった。井手さんの進路には触れず、他愛もない話で爆笑しながら帰った。激しく笑ったあとは、「そもそも1年もないリミットの中で、テレビ局の内定が決まっている人を引き留めるほどの結果を残すなんて、無謀な賭けだったのだ」「きっと井手さんはお笑いをやめてしまうだろうな」と、寂しい気持ちが僕を襲った。

段々と日が落ちるのが早くなるのを感じながら、僕はその日が来るのを恐れていた。

冬、渋谷の小さな喫茶店で話し合いが行われた。メンバー6人で集まり、井手さんの決断を聞いた。やはり、井手さんはTBSに行くという決断をした。TBSで、制作側として、お笑いに携わればいいのだから、止めるのは難しかった。間に合わなかった。寂しくて涙が出た。

フジテレビを辞めてWAGEに戻ってきていた森さんも相当辛かったはずだ。井手さんが抜けると

なった以上、これからは僕が井手さんの役割を担わなくてはいけない。相当なプレッシャーだったが、幸い、希望と気合いには満ちていた。

５人で頑張るしかないと決まったあとの活動は、ある種すがすがしく、５人での新ネタを考えてブレークするしかない、と意気込んだ。

単独ライブを頻繁に開催して、新ネタをたくさん作り続けた。おもしろいネタを作るためには、たくさんネタを作るしかない。どの打席でホームランが出るかはわからない。ならば、数多く打席に立ったほうが得だ。そんな思いで夜な夜なネタを書いた夜は数えきれない。

５人になったＷＡＧＥは、井手さんが抜けて1年を待たずに、アミューズと正式に契約してもらい、本当にお小遣い程度だが、毎月お給料をもらえるようになった。夢だったプロの芸人になれたのだ。町を歩いても誰も僕のことは知らないが、プロの芸人になったという事実がうれしかった。

好きなことは売れてから

早稲田大学出身の5人組お笑いグループのメンバーとして、僕は芸能事務所アミューズからプロデビューした。オーストラリアへ留学中に芽生えた「芸人になりたい」という夢は、5年以上かかってようやく実現した。ダウンタウンのようになりたいと思って歩み出した道は、高学歴お笑い集団の一員という形に落ち着いた。

ＳＭＡＰとザ・ドリフターズの間のような存在、というのがマネージャー兼プロデューサーが目指すところだった。言っている意味はわかっても、どう目指していいかはよくわからなかった。

とにかく、ひしめき合っているコンビやトリオのお笑いの海に飛び込んでいくのは得策ではない、ということで、ネタもスタイリッシュで、人数を活かしたシステマチックなものを目指した。今の僕の、グロテスクでニュアンス頼りの表現とは真逆の方向性だった。リーダーの森さんは、そういうネタを書くのが得意で、ＷＡＧＥがアミューズからプロデビューできたのも、森さんの秀逸なネタのおかげだった。

当時も言われていたが、その頃はお笑い冬の時代だった。『ボキャブラ天国』のブームで、若手お笑い芸人という存在が脚光を浴び、しばらくバブル的な盛り上がりを見せた反動だろう。無名の若手が顔を売るようなネタ番組は、ＮＨＫの『爆笑オンエアバトル』ぐらいしかなかった。そして、そこで顔を売ったとしても、次に出ていくようなバラエティ番組などもほとんどなかったはずだ。

テレビとライブシーンがだいぶ離れていた時代だった。深夜番組ではネプチューンさんが司会を務め、くりぃむしちゅーさんがレポーターを務めるような層の厚さなので、テレビに出られない大量の芸人たちのレベルも異常に高かった。

お笑い界では知られていても、一般的には売れない芸人として存在している、劇団ひとりさんやアンタッチャブルさんとライブで一緒になると、「こんな先輩たちが売れない世界で、自分たちが売れるわけがないだろ」と落ち込みかけた。それでも、「この人たちと同じ土俵で戦おうとしてはダメなんだ」と、「SMAPとドリフの間作戦」を思い出し、なんとか心の平安を保った。

そんな中、深夜に新しく始まるネタ番組のオーディションに参加し、WAGEは見事合格することができた。TBSの『笑林寺2』という番組で、WAGEは準レギュラーのようなペースで出演させてもらうことになるのだった。

やはり5人組で高学歴というところに興味を持ってもらえたのと、それに応えるような森さんの秀逸なネタが功を奏した。ネタ番組が少ないぶん、出演したことでお笑い界でのWAGEの知名度は一気に上がった。ただ、この番組はスタイリッシュとは程遠く、収録も浅草の東洋館という、かつてはビートたけしさんがエレベーターボーイをしていた演芸場で行われ、色物的な芸人さんも多く出ており、SMAPとドリフの間を目指す道として正しいのかはよくわからなかった。

そもそも僕は、SMAPとドリフの間の存在になりたいのだろうか。5人で頭良さげなネタをやるのは、僕がやりたいことではなかった。「売れたら好きなことできるから」というのは、エンターテインメントの世界で若手表現者が大人たちからよく言われる言葉だ。売れなければ話にならないのは百も承知だと納得した。

当時、憧れていたのは『はねるのトびら』で大活躍していたロバートの秋山さんだった。僕と同世代にもかかわらず、ダウンタウンさんの影響を感じさせずに、己の道を突き進むその表現力には、新たなカリスマ性があった。少なくとも、松本さん以降、久しぶりにテレビコント界に革命を起こしたことは間違いないと僕は感じた。

本当は僕がそれをしたかった。でも、そんなことはできっこなかった。そう認めざるをえない力の差がそこにはあった。人は少しずつ夢を軌道修正しながら生きていくものなのかもしれない。なんとか自分の歩む道を肯定したかった。

WAGEはそれまでにもお笑いライブには出ていたが、『笑林寺2』のおかげで、さらにいろんなライブにも呼ばれるようになった。

WAGEで頑張っていたことといえば、単独ライブだろう。アミューズが音楽に強い事務所だったことも関係してか、マネージャーも単独ライブを大きくしていくことに力を入れてくれて、非常にありがたかった。年に4回ほどやっていた単独ライブのネタ作りと稽古は大変だったが、今努力しなくていつするんだとばかりに、ひたすら打ち込んだ。

アミューズでは演技レッスンにも参加させてもらい、ここで僕は初めて「演技」の楽しさを知ったのだった。もとはアミューズ所属の三宅裕司さんが主宰する劇団スーパー・エキセントリック・シアターの女優さんだった先生から才能を見いだされ、「う大は単独ライブのキャラひとつひとつを、ちゃんと違うキャラでやってごらん」と課題をもらい、いろいろと開眼させてもらった。

演技なんて本気でやるとサムいとすら思っていたが、そうではなかった。細かく演じていくことで、しっかりと体重が乗ったキャラクターになって、それはそのまま観客の笑い声につながった。お笑いの事務所ではないので、芸人の先輩がいないなどのデメリットはあったが、こういうメリットはあった。

今でも「かもめんたるの一番の武器は？」と聞かれたら、演技力と答えるだろう。

その後、WAGEは三宅裕司さんが司会の深夜番組で、レギュラーでレポーターをやらせてもらったり、ネタの特番や『エンタの神様』に出演したり、少しずつ活躍の場を広げていった。でも僕としては、ずっとこのままやっていていいのだろうかと不安になっていた。

「果たして本当におもしろいことができているのか？」というのが正直な僕の心の中だった。「売れたら好きなことできる」って本当なの？ そのとき、その好きなものを観てくれる人は誰なんだ？ 僕が好きなことを正当に評価できる人なのか？

ネタ番組でやるネタは、ほとんど森さんが書いたネタだった。単独ライブでは、僕も渾身のネタを書いているつもりだったが、それが外用のネタに採用されることはなかった。森さんのネタに反発するように、僕のネタは余計にシステマチックでもスタイリッシュでもなくなっていき、森さんのネタはよりシステマチックでスタイリッシュになっていった。

ダウンタウンに憧れてなったはずのお笑い芸人。なのに、5人組のシステマチックなコントを披露している自分。そのギャップは徐々に僕を苦しめていった。

TOKYO MXの夕方の帯番組で、曜日レギュラーを任されたことがあった。WAGEと流れ星☆とヴェートーベンというお笑いコンビの3組と、今は大女優となった満島ひかりさんで、その曜日を担当した。有楽町のビックカメラにあるブースの中から、毎週生放送で企画をやったり、ネタをやったりと、いかにも若手芸人らしいことをやらせてもらった。3組の中から、流れ星☆だけが『M-1グランプリ』2回戦を突破して、「すごい、すごい!」と盛り上がっていたような時代だ。

この番組をやりながら、僕は流れ星☆とヴェートーベンが羨ましくて仕方がなかった。やっていることが間違っているか正しいかは置いておいて、2組ともしっかりコンビ間で意思の疎通をとって収録に臨んでいた。WAGEも打ち合わせはするのだが、その頃の僕は、5人で何を打ち合わせ、何を披露しても、単なる中途半端な青年の集まりによる、お茶濁しにしか見えない気がしてしまっていた。コンビなら、準備していたバラエティのやりとりも自然に披露できるかもしれないが、5人でのそれは不可能だと思った。ネタならまだしも、それ以外のことを5人でやるのが本当にサムく感じたのだ。

本当に意味がわからないし、嫌なヤツすぎるので本当は黙っておきたいが、当時の僕は、自分がWAGEの一員だと思われることが苦痛だった。SMAPとドリフの中間を目指そうという目標にも、「なれるなら、みんななってるわ!」と冷めた感情しか持てなくなっていた。

そうして、だんだんとWAGEでネタをやることも嫌になっていった。メンバーで声を揃えて何かを言ったり、入れ代わり立ち代わり出て来て笑いを起こしていくことに虫唾が走るようになった。「これで思いっきりスベッていたら、まだおもしろいんだけどな」と、神様に見放されそうな思考回路で生きていた。

人生を賭けて選んだはずのお笑い芸人という道で、スベることもないが、爆発的にウケることもない、お利口なネタをやっている……その状況自体がすでに盛大にスベッているのではないだろうか。なんで他のメンバーはそれで平気なのだろうか？

そんなある日の収録前、有楽町の地下鉄のホームで突然、呼吸が苦しくなって立っていられなくなった。「あぁ、俺はこんなにも追い詰められているんだ」と冷静な気持ちになると、呼吸は戻った。もう、このまま続けていくのは難しい。メンバーとマネージャーに話し合いの場を設けてもらったのは、WAGEを結成して4年目のことだった。

実は、当時メンバーの中で一番仲の良かった槙尾には、「俺が解散したいって言ったらどうなるかな？」と、前もって相談していた。槙尾は「う大さんがやめたいと言ったら、意外と他にもそういう人がいるかもしれないですね」と不気味なことを言った。

たしかに、あの当時のWAGEは、早稲田大学出身の5人組という物珍しさだけで注目されていた時期を終え、その真価を問われていた頃で、苦戦を強いられていた。逆に、お笑い界は『M－1グランプリ』をはじめ、『エンタの神様』や『笑いの金メダル』などのネタ番組が盛り上がり、それまでくすぶっていた実力者たちは一気に売れ始め、ブームの始まりを迎えていた。

WAGEがその波に乗れていないのは明白だった。解散するなら今しかないのではないか？　それがみんなの人生にとってもいいかもしれない。そんな状況でもあったので、僕はあまり思い詰めないようにしながら、「もうやめたい」と話し合いの場でメンバーとマネージャーに伝えた。

そして、全員から止められた。

「やっぱりそうだよな」と素直に思ったので、もう1年頑張ってみることにした。みんなにも心の準備はいるだろうし、僕の「やめたい」という発言をきっかけに、何か変化が起こるかもしれない、というのは僕自身が期待していたことでもあった。

自分の気持ちが変わるかもしれないし、何かミラクルが起きるかもしれない。とにかく漫然とお笑い活動を続けることだけは避けたかった。芸人の夢は諦めきれなかったので、解散するならして、新たな挑戦をしたかった。そのためには、若さというものは非常に大事だと思っていた。

一度みんなに気持ちを打ち明けてからは気持ちが楽になった。期待していたような心の変化はなかなか起きなかったが、後悔しないようにいろいろネタを作った。結局それしかなかった。みんな真面目な性格なので、どうせ解散するだろうと投げやりな態度をとる者は誰もいなかった。

しかし、悲しいことに、WAGEを取り巻く環境は悪化していく。お笑い事務所ではないアミューズが、大学のお笑いサークル出身の芸人を売り出すというプロジェクトは、本来あの当時のお笑いブームに乗って花開かなければならなかった。けれど、WAGEはお笑い界に居場所を作れず、むしろ、それ以前に中途半端に露出もあったせいで、ネタ番組のオーディションにも呼ばれなくなっていた。なんとも世知辛い話だが、アミューズの中にもWAGEの居場所はなくなっていった。

約束の1年が経ち、再び話し合いの場が設けられた。「やめたい」という僕の意見は変わっていなかったが、1年前に解散を止めてくれたマネージャーは「お前らに、う大の人生を縛る権利があるのか？」と、メンバーを問い詰めていた。同じく1年前、僕に「お前だけの人生じゃないんだぞ」と言っていたのに。

まるでコントのようだった。森さんが「意見変わりすぎだろ！」とツッコめばコントだ。でも森さんはツッコまない。僕は勝手にマネージャーの心の中を想像していた。「どっちにしろ、WAGEはクビにしなきゃいけないから。どうせなら解散させちまったほうがスッキリする！」。すごいなぁ！　芸能界だな！

僕はメンバーの顔を見た。みんなマネージャーの言葉に疲れていた。笑ってしまいそうだった。マネージャーを含めたみんなが愛おしかった。
とりあえず僕たちは、5人で一生懸命、芸能界、そしてお笑い界に、立ち向かった。悔いはない。僕はコンビでやってもダメで、5人組でもダメだった。でも、まだトライしようとしている。
かくして、WAGEは5年間の活動に終止符を打った。

カッチョイイ…

第4章　コント芸人のライセンス

NEW YORKと僕

2006年3月にWAGEは活動休止を発表した。それは事実上の解散だった。自分が望んでいたことでもあったので、僕の気持ちはスッキリしていた。とはいえ、もともとは大学のサークルだったWAGEの一員として、憧れだったお笑いのプロになって、夢破れた末、WAGEは消滅してしまったわけだ。

28歳。人よりちょっと長かった青春が終わってしまったような寂しさもあった。しかし、お笑い芸人を辞めるつもりはさらさらなく、ひとつの計画があった。当時、芸人は解散すると、向こう1年間は新たなコンビやグループとして活動しない、という暗黙のルールがあった。

密かに僕は、その自粛期間が終わったところで、WAGEのメンバーだった小島義雄（現・小島よしお）と槙尾祐介（現・槙尾ユウスケ）を誘って、トリオを結成しようと企んでいた。というのも、WAGE時代からこの3人でユニットを組んで、WAGEの単独ライブの中でネタを披露していたからだ。

僕と槙尾がボケで、小島がツッコミのこのトリオで、僕は自由にネタを書いて、自分の世界を自由に表現できていた。例えば、小学生の兄弟が、ベビーシッターに来た大学生に恋人との別れ話をさせて、その話を聞きながら大量の涙を流すことでエクスタシーを得ようとするコントや、気色の悪いオーガニック思想のお母さんが、娘の連れてきた彼氏に「あんた健康に気遣ってる?」と、いろいろハラスメント的な発言をした後、庭の家庭菜園に娘と自分の糞尿をスプリンクラーで撒き散らしているところを見せつける、というコントなどだ。今の自分がやっている世界観そのままのネタである。

解散したＷＡＧＥのメンバーは、森さんが脚本家としてアミューズに残り、野中はフリーでミュージシャンとして活動を開始、小島はサンミュージックに入り、槙尾は役者としての道筋を探し始めていた。

僕は、小島にも槙尾にも、実はトリオで活動したいということは伝えないでおいた。というのも、実際に活動を始められるのは1年後である。その間に、お互い個人でそれぞれの力量を上げるべく必死になったほうが良いと思ったからだ。そして1年後、箸にも棒にも引っ掛からず、瀕死になっている二人の前に僕が颯爽と現れ、「一緒にやろうぜ」と救いの手を差し伸べる形が、その後のトリオのパワーバランスを形成するためにもベストだと思った。「う大さん！　一生ついていきます！」と、二人が尻尾を振って飛びついてくるのが理想だった。

そういうことを夢想しながら、さらにもうひとつ計画があった。それは、普通にピン芸人として腕試しをしてみたかったのだ。ＷＡＧＥでアミューズに所属していた5年間を経て、僕はとにかく自由にネタをやることを異常に求めていた。自由の話でいったら、ピン芸に勝る形はない。僕は一人コントがやってみたかった。

そんな折、母親から「ニューヨークでミュージカルでも観て勉強したほうがいいんじゃない？」と提案された。ニューヨークにもミュージカルにも、とくに惹かれなかったのだが、ピン芸をやるには自分のポテンシャルをフルに活かさなくてはならない。それに、あれだけ辛い思いをして身につけた英語を少しでも芸事に役立てるには、ニューヨークでミュージカルを摂取するのはいいことに違いないと思い、1週間のニューヨーク旅行に出かけた。

旅費は「出世払い」ということで母親持ちだった。「情けない息子でごめんよ」という気持ちだったので、初日からしっかりミュージカルを観に行った。正直、ミュージカルがジャパニーズコメディアンを楽しませられるのかな？　なんて生意気な気持ちで観客席に座ったが、これがとんでもなくおもしろかった。

それは『ドロウジー・シャペロン』という演目で、日本では聞いたこともない演目だったが、役者の秀逸な演技やド派手な演出に、「ちょっと待ってくれ、これ最強のエンタメじゃん！」と惜しみない拍手を送った。

一撃でミュージカルジャンキーとなった僕は、そこからニューヨークにいる間、なるべく多くの作品を観ることに徹した。オフブロードウェイという、いわゆる小劇場系の舞台も観に行った。「きっとマニアックで、もっと俺の好みに違いない」と、ワクワクしながら観劇したが、イマイチだった。全然刺さらなかった。

気を取り直し、別の日に、若い黒人の女性が一人で7役ぐらいを演じる演目を観に行った。彼女は等身大の若い女性から、アジア人の小学生まで見事に演じていて、そのエンタメ力に震えて、涙が出そうだった。

その夜、劇場を後にして、昔なにかの映画で観たような、ニューヨークの黒く濡れた路地を歩き、その端の排水溝から湯気が上がる景色を眺めながら、全部が繋がっている……そう確信した。

東京の田舎に生まれて、人見知りの幼少期を経て、湘南でちょっと変わった小学生をやって、貴重なティーンエイジをオーストラリアで辛い日々として過ごして、大学でお笑いを始めて、5年間頑張って、ちょっと前に解散して、母親の助言でニューヨークに来て、夜の道で感動の涙を流している自分。「俺はさっき観たあの黒人の女性みたいなことがしたい」と思った。ちゃんとしたことをやろう。とにかくちゃんとしたことをやろう。呪文のように唱えた。

ニューヨークにいる間、スタンダップコメディのライブも観に行ったが、残念ながらそっちはあまりおもしろくなかった。出てくるコメディアン、みんな売れている人の真似なんだろうな、というのが伝わってきて、辛かった。「ちゃんとしたことやろうぜ！」と思った。自分は、ちゃんとおもしろいことをやる芸人になりたい。そんな当たり前のことに気付いた旅だった。

日本に帰ってからは、一旦、小島と槙尾のことは忘れ、一人コントを作りはじめた。なかなか納得のいくネタはできなかった。志の高いネタを目指せば、それだけ笑いの量は減っていくジレンマに陥った。

ちゃんと笑いを起こさなくては。そのうえで、ちゃんとしたものを見せなくては。これだと思ったネタも、形にしていくうちに、輝きを失っていく。みんなちゃんとしたものを見せているつもりで、そうできていないだけなんだ……。

そんな中、小島がブレイクしそうだという噂を聞いた。２００７年、彼はあっという間に時の人となった。

劇団イワサキマキヲ

2007年のお笑い界における時の人は、小島よしおだった。

彼と僕の出会いは2000年の4月、お笑いサークルのほかに、僕がもうひとつ所属していたキャンプサークルの新入生歓迎お花見の席だった。濃い顔におかっぱヘアーで、調子に乗っている大学生、というのが彼の第一印象だった。「いい奴そうだけど、笑いのレベルはそんなに高くない」そう思っていたら、お笑いサークルのほうに入ってきた。

一時は同じお笑いグループのメンバーとして、プロデビューを果たし、芸能界でスターになるという一蓮托生の夢を実現させようとあがき、ともに夢破れた男だ。

その男が爆売れしている。社会現象と言っても大袈裟ではない売れ方だ。一緒に夢破れたのは1年ちょっと前のはずなのに……。WAGEの5人で、5年あがいてもたどり着けなかったステージの、そのまた上に小島は一瞬で行ってしまった。

僕たちが参加していたのは、ちゃんと当たりクジの入っているゲームだったんだ。そう感動するとともに、僕のまわりにはもう当たりクジはないのではないかと考えてしまう。

小島が売れ始めるタイミングで、僕は小島と久しぶりに会っていた。ライブでたまたま一緒になったのだった。「そんなの関係ねえ!」と、ミュージックに合わせてシャウトする小島のネタをおもしろいと感じる前に、客席の盛り上がりに驚いて、ネタを咀嚼する余裕はなかった。「うわぁ、すげえいいの見つけたな!」というのが、大きな印象だった。

その頃、元WAGE周辺でほかにも大きな動きがあった。森さんが学生時代からの付き合いだった彼女と結婚するというのだ。それに伴い、披露宴のパーティーでWAGEが再集結し、ネタをやることになった。

久しぶりに早稲田の喫茶店に集まり、「小島も売れたし、森さんも結婚ってすごいなぁ！」なんて話をした数日後、僕の彼女が妊娠していることが発覚した。それは青天の霹靂だった。出会ってすぐに同棲を始めた彼女とは、交際1年になるところだった。WAGEという運命共同体で、時をともにしたメンバーそれぞれに人生の波が来ていた。

森さんの披露宴のための2回目の打ち合わせで、「実は彼女が妊娠して、僕も結婚します」と、みんなに報告した。その頃の僕といえば、自分のスタイルを模索しながら、フリーのピン芸人として小さなライブにたまに出ているという状況だった。芸人として売れていないどころか、そのスタート地点にも立っていないような状態で、子供を授かってしまった。子供ができて芸人を辞める人間はいても、子供ができて芸人を始める人間はいない。自分の芸人という夢に対しては、かなり見通しが悪くなる出来事ではあったが、小島が売れ、森さんの結婚が決まり、という流れの中で、自分に子供ができたということは、どう考えても同じようにハッピーな色のものに違いないという確信はあった。何より彼女はとても素敵な人だったし、子供が生まれるということを考えるとワクワクした。

どうなるか様子を見てみよう、という客観的な気持ちで「僕は売れてないけど、妊娠した彼女と結婚もしたいし、芸人の夢を追いかけたいです」と、役所に提出したら即却下されそうな無謀な志願を、自分の親と彼女の親に伝えた。すると、その志願がすんなり通ったのだった。一気にポジティブになった僕は「これは笑いの神の思し召しだ！　きっと芸人としてもうまくいくぞ！」と考えるようになった。

森さんの披露宴では、かつて小島に対して「お前はみんなのお荷物だ」と言っていたWAGEの元マネージャーが、「ブレイクおめでとう!」と言って、小島の手を握っているところも見られた。こうやって時は流れ、人は変わっていくんだと実感した。今度このメンバーで迎える節目には、芸人として売れていたい、漠然とそう思った。

しかし、WAGEを解散した当時、僕が密かに抱いていた小島と槙尾の3人でトリオを組むという計画は、小島のブレイクによって消滅してしまった。ただ、WAGEも解散して1年以上が経ち、森さんはアミューズに残り脚本家として順風満帆で、小島も大ブレイクし、野中はミュージシャンの夢を追いかけている中、僕と槙尾がコンビを組むことは道義上、何の問題もないことに気付いた。

槙尾はというと、WAGEを解散してからいろんな演劇の公演に出てはいたが、それは公演に出るたびにチケットノルマなどで借金が増えていくような活動であった。森さんの披露宴をきっかけに再会した僕らは、また定期的に会うようになっていて、彼は僕のアパートに遊びに来ると、「今稽古中で大変なんですよ」と、ブラックな体制に染まった哀れな若者の笑みを浮かべた。

誘われて観に行った公演でも、槙尾は小さな役ではなかったが、まったくおもしろくもなければ何の魅力もなく、いつも感想に困った。槙尾のいいところがまったく出ていないというのが本当の感想だったが、それを伝えることは気の毒でできなかった。

槙尾が二人芝居のイベントの案内を見つけてきたのは、夏の終わりだった。銀座の芝居小屋で行われるそのイベントは、参加費を払えば参加できるもので、一から自分たちで小屋を押さえたりする必要がなく、とりあえず二人でなんかやってみるにはちょうどいいイベントに思えた。

槙尾は芸人に戻るつもりはないと言っていたし、僕もニューヨークへ行って以来お芝居に興味があっ

たので、僕が書き下ろした1時間の長編をやってみようということになった。ユニット名は「劇団イワサキマキヲ」に決めた。

そこで披露した『ゼラチン』という芝居は、民宿を営む同性愛の男性のもとに、かつて恋をした男性の息子がやって来るという、下ネタと純愛を行ったり来たりするコメディで、槙尾にとっても非常に演じ甲斐があったはずだ。台本から実際にシーンを作っていく中で、その場の二人の呼吸を大事に、セリフや動きを足し引きしていく。作りながら、これはちゃんとしたことをしている、正しい創作の場だ、と感じることができた。

本番の客席の反応も上々だった。大きな手応えを感じた。何より、作っているときに感じた正しい創作をしているという確信は、もっと上に行けるというお笑いの神様からのシグナルにも思えた。

ただ、こんな公演をあと何回すれば世に出られるのか、僕にはイメージが湧かなかった。

もう一度お笑いを

2007年秋、僕は元WAGEのメンバーだった槙尾祐介と「劇団イワサキマキヲ」を結成し、1時間の二人芝居公演を行った。槙尾はもともと役者を目指していたこともあり、演技を大事にしたコントが好きだった。二人で初めて披露したこの芝居は、ロングコントと呼べるようなものだった。

台本執筆の段階から「ストーリーも大事だが、とにかく笑えるものにする」という意識を持って臨んだ。同時に、その笑いは演技によって増幅していく種類のもので、言葉遊びや、うまいことを言って笑わせるのではなく、その人物のキャラクターや、相手との人間関係があってこそ生まれる笑いを追求した。その方向性のもと、稽古でシーンを作りながら、台本には書かれていないやりとりを足したり、畳みかけを厚くしたりと、笑いを増やすための作業を繰り返した。芸人が強いのは、このように脚本と演出と演者が三位一体となっているところだ。正しい経過をたどれば、表現したいことがロスなく体現される。

本番の反応は上々で、何よりこの道の先にもっと表現できることがありそうだと体が熱くなった。

とりあえず、仮のユニットとして組んだ劇団イワサキマキヲだったが、この初演を機に、正式に活動していくことになった。しかし、僕と槙尾の目指しているビジョンは完全に同じではなかった。

というのも、槙尾はWAGEの活動休止時に、はっきりと自分には芸人は無理だと判断していて、劇団イワサキマキヲは喜劇としての二人芝居を追求していくコンビだと捉えていた。一方、僕個人としては、芸人に未練ありまくりだったが、槙尾と二人で群雄割拠も甚だしいお笑いコント界に今から殴り込みをかけるのは難しいという気持ちもあった。

ただ、初めての公演を終え、いくら敵がいないからといって、二人芝居をする二人組が活動を続け、世に認知されるルート自体が存在するとも信じられなかった。

正直、1時間のお話を書いて、それを稽古して披露するのはなかなかにハードで、時間もかかることだった。向こう5年のうちに、そんな公演を何回できるのだろうか？　その度にどれくらいステップアップできるのだろうか？　まったく想像がつかなかった。

もちろん、だからこそパイオニアになれる可能性があるのかもしれないが、もうすぐ子供が生まれる僕の身にとって、その選択は怖すぎた。それに、僕も槙尾も、演技力に絶対の自信があるわけではなかった。でも、劇団イワサキマキヲの表現には演技力が最も重要だということは確信していた。できるだけ多く、人前で演技のスキルを磨きたい。そう考えると、お笑い芸人なら、都内で毎日のように行われているお笑いライブに参加して、人前で演技はできる。劇団イワサキマキヲは二人芝居のユニットだが、笑いの量では芸人に負けないコンビを目指す、という目標においては、僕と槙尾の足並みは揃っていた。

「この先、二人芝居公演のお客さんを集客するために、お笑いライブに出よう」と槙尾を誘い、彼は何の不信感もなく僕に従ってくれた。

そして、そこから二度と二人芝居をせずに今日に至る。僕と槙尾はすぐに若手お笑い芸人に戻った。

原因としては、簡単に言うと、僕に「火が点いてしまった」というやつだ。とりあえずネタを作って、お笑いライブに出ると、そんなにウケは悪くはないが、「もっともっといける。全然いける」「でも、これじゃまだ全然ダメだ」と思った。

モヤモヤした。夢の中でうまく走れない、というのに似たもどかしさを感じた。劇団イワサキマキヲという巨大ロボには、まだ電気回路が開通していないだけで、もっともっと大暴れできる機能が備わっているはずだ。今はまわりの芸人に負けているけれど、すぐに巻き返せるはずだ。

そもそも、敵がいないブルーオーシャンを求めて二人芝居の畑に行こうとしていたが、劇団イワサキマキヲの敵は、まわりではなく己なのではないか?という気付きもあった。

ライブで爆笑をとるほかの芸人のネタを観ながら、「負けているはずがないよな?」と、沸々と気持ちが熱くなった。もう二人芝居をやっている場合ではなかった。

ネタを増やすために単独ライブをやることにした。2008年4月の終わり、場所はキャパ50人ほどの高田馬場の小さなライブハウス。

この半年前、二人芝居のときにも制作に入ってくれたK-PROの児島さんが再び手伝ってくれた。彼女は今ではお笑いライブシーンの超有名人だが、WAGEが初めてのK-PRO制作のライブに出演したという縁で、我々二人のことを非常に応援してくれていた。

単独ライブはWAGEの頃から非常に大事なものだった。WAGEが活動を休止して丸2年後、早稲田大学生の庭とも言える高田馬場で、コンビ初の単独ライブだ。

春のとても天気がいい日だった。本番前にネタ合わせをした会場近くの小さな公園は、学生時代にもサークルのメンバーでネタ合わせをしたことがあった。きれいに「ふりだし」からスタートするようで、清々しかった。何を隠そう、この単独ライブの1カ月前に長男が生まれていた。ここからがスタートだ。

ライブハウスには楽屋がなかったので、客入れ中は同じビルにあった喫茶ルノアールで待機していた。貧乏極まりなかった僕にとっては高すぎる値段設定の店だったが、ライブの経費で落としてよいという

児島さんの計らいに感謝しつつ、アイスコーヒーを頼んだ。直後に槙尾が高いゆずのジュースを頼んでいて、「スタートなんだから謙虚になれよ」と苛立ったのを憶えている。とはいえ、目の前でゆずのジュースを飲んでいる槙尾とコンビとしてスタートを切れることは、想像できる中で最高のものだった。こいつとなら、自分がやりたいことを表現できるという自信は、初単独ライブの稽古を経て、確信に変わっていた。

本番が始まる時刻となり、二人で会場へ乗り込んだ。お客さんのほかに、元WAGEのメンバーや、当時の関係者も観に来てくれて、ライブはとても盛り上がった。我々の門出をみんなで祝ってくれているようだった。

劇団イワサキマキヲ初単独ライブ『ウワサの二人組』は、無事に幕を閉じた。早くみんなの噂になるような強いネタを作らなければ……。

「コントでもM－1のような大会が開かれる」という噂を聞いたのは、次の単独ライブの準備中だった。

C－1グランプリ

『キングオブコント』が始まったのが2008年。僕と相方の槙尾がコンビ「劇団イワサキマキヲ」として活動し始めた年だった。

『M－1グランプリ』と対をなすコントの大会ということで、当初は『キングオブコント』より『C－1』という呼び方のほうが通りがよかった。それまで芸人界隈では、M－1の人気が定着したことにより「コントの大会もできたりしないのかなぁ」という声もあったが、「コントを競争させるのは漫才以上に難しいから、無理だろう」と、誰もがコントの大会を絵空事として捉えていた。

確かに、2008年当時のコントというジャンルは、今よりもずっと曖昧だった。落語に対して色物と呼ばれる漫才があって、コントはさらにそれ以外のお笑い、というようなくくりだったと思う。

ショートコントと呼ばれる四コマ漫画的な一発オチのもの、シュールな演劇的なもの、ベタな喜劇、さらには、手品やダンスといったお笑い的なパフォーマンスはまとめてコントとされていた。そして、当時のコントの主流は、ボケとツッコミによる漫才的なやりとりを寸劇の中でやるスタイルだった。簡単に言うと、ファミレスや喫茶店の客と店員、医者と患者、親と子などの役になって、ボケとツッコミを繰り広げていくものだ。つまり当時は、漫才とコントは今よりもかなり近い表現だった。

今ではコントというと、ショートドラマと言ってもよさそうな、シチュエーションとキャラクターとストーリーの3つを大事にしたものが主流となっている。とくにツッコミ役となる芸人の在り方の変化はかなり顕著で、昔のコントのツッコミは、漫才師のようにはっきりとツッコんで主張していたが、今では表情だけだったり、声のボリュームも適度に抑え、ツッコミというよりもリアクターと呼んだほうが適切だと言えるほど、目の前の現象に対して多様に反応している。

もちろん、ボケ役も昔よりキャラクターの一貫性が大事にされているし、ストーリー展開に合わせた適切なキャラの変化を見せることで、爆発的な笑いを生み出している。現在主流のコントの中では、ボケの芸人はもはやボケておらず、その役が本当にその場で言いそうなことを言ったときに、最大級のウケを得ている。極端な話、コントにおいて、ツッコミはツッコミでなくなっているし、ボケもボケではなくなっているのだ。

漫才とコントはこの15年間でしっかりと住み分けされた。これは『キングオブコント』の功績だと断言したい。『キングオブコント』の歴史とともにコントはその形を進化させた、とは言わないが、明確化させたのは確かだ。それは漫才との、『M-1グランプリ』との差別化の歴史でもあったと言える。

もし世界に『M-1グランプリ』が存在せず、『キングオブコント』しかなかったら、コントの現在地は今と随分変わっていたのではないだろうか。コントはボケとツッコミの掛け合いを見せる芸として極まっていて、ツッコミはどれだけボケに負けずにおもしろフレーズを入れながらツッコめるか?が評価ポイントになっていたかもしれない。

もう一度言うが、今のコントのトレンドを作ったのは『キングオブコント』だ。そして、そのトレンドは、人間を描くのが好きな僕にとってはピッタリなものだった。そう考えると、現在のコントにおいて、ボケとツッコミという分け方があてはまらなくなってきたのは当然で、そもそも人間が二人いて、どっちがボケでツッコミなんて、ハッキリと分かれていないものだ。

人は時にボケで、時にツッコミであり、ボケ側の人間こそ自分をツッコミだと思っていたりする。その認知のズレがおもしろいのである。ボケとツッコミの区別が曖昧になっていくのは、コントの正しい進化だと個人的には思うのだ。

さて、今となっては『キングオブコント』はとても由緒正しいコントの大会なわけだが、大会発足時にはどんな大会になるかもわからなかったわけで、二人芝居からお笑いコント界に舞い戻って来た我々劇団イワサキマキヲにとっては、「お前らのやってることなんてコントちゃうわ！」と、大会によってレッテルを貼られかねないと怯えていた。

本当に正直な気持ちを言うと、コントにもM－1みたいな国民的人気の大会があればいいなとは思っていた。だが、いざ始まるとなると、「なんて余計なことをしてくれたのだろう」という気持ちのほうが勝っていた。しかも、大会の特色として発表されたのが、審査員は参加した芸人たちになる予定だという。これには正直痺れた。なんという理想郷だろう。そこで優勝しようものなら、そんなにうれしいことはないぞ、と震えるほど興奮した。

しかし同時に、確率からして、その宝を手に入れるのは到底無理な話だともわかっていた。やはり、余計なことしてくれるなという気持ちになった。大好きなブランドが、絶対に買えない高額なアイテムを超限定商品として出してきたようなものだ。めちゃくちゃ欲しいけど、目の毒だからいっそ生産しないでくれる？と思う感覚だ。

それでも、やはりコントの『M－1グランプリ』ということで、参加しない手はないので、我々は第1回『キングオブコント』へ機械的にエントリーしたのだった。

たしか1回戦のネタ時間は2分だった。どんなネタが好まれるのかもわからないが、2分という短い尺のネタがそもそもあまりなく、ネタ選びに苦労したのを憶えている。

我々は劇団イワサキマキヲ第2回単独ライブ『ヒチガツ』という、7月にやる単独ライブのちょっと前に、第1回『キングオブコント』1回戦に参加した。

渋谷の会場に入る前、槙尾と二人でＮＨＫホール前のけやき並木のところで練習をした。ＷＡＧＥ時代には路上ライブをした通りだ。よく晴れた日だった。正直、準備としてはまったく整っていないと感じていた。

そのときに用意したコントがどうこうというより、もっと根本的なもので、コンビとしての方向性は何となく見つかってはいたが、それをまだネタには落とし込めていない、というネガティブな自覚があった。

ウケたらラッキーだという気持ちで臨んだ1回戦の反応は、想定より少しだけウケなかった。そして、その日の結果は不合格だった。

今思うと、それが我々と『キングオブコント』の愛憎の歴史のスタートだった。

コントも現実も甘くない

2008年、第1回『キングオブコント』の1回戦で劇団イワサキマキヲ（現・かもめんたる）は散った。初めての大会なので、マニュアルも何もないのだが、準備不足は否めなかった。我々はコンビ1年目で、ネタ数もあまりなく、1回戦の規定である2分尺のネタは1本もなかった。

どんなネタをやったのかは記憶にないが、既存のネタを短く編集して臨んだのは憶えている。ウケはそんなに悪くなかったはずだが、知名度も経験もないうちは、絶対的にウケるネタをやらなければ、賞レースでの合格は難しい。

しかし、チャンスはまだあった。準備不足だったが、我々は用意周到に、1回戦に落ちても再エントリーできる日程をチョイスしていた。「危ねぇ～」と素直に胸を撫で下ろしながら、再エントリー用に一からネタを作り始めた。

先日の1回戦では、昔からお世話になっていた作家さんが審査員の一人だった。ただ、お世話になっている人間が審査員にいることは、こういう時プラスになるとは限らない。

売れない芸人とは、いろんな作家さんからいろいろとアドバイスを受けるものだ。なかにはネタの方向性が合わない人もいる。作家さんからしたら、顔見知りの芸人がコンテストに出てきて、「また同じネタやってる！」とか「俺のアドバイス生かしてねえじゃん」と、マイナスな感情になることもあると思う。

さらに、昔その作家さんにお世話になっておきながらしばらく連絡をしていないだとか、最後にもらった連絡を無視した状態で大会の日の審査員席にその人がいる、などという最悪な状況もある。そういう場合は、「審査に私情を挟まないでくださいね。そんなことしたら、お笑いの神様が怒って、おもしろいこと思いつかなくなりますよ。冷静になってください」と祈るしかない。きっと賞レースに参加している芸人の多くは、そんな経験がある。

1回戦の日にいた作家さんは、最後あんまりいい感じの別れ方をしなかった方ではあった。でも、悪い人ではなかった。そこに望みを賭けたが、結局不合格だった。

その日の夜に結果が出るまでは連絡せず、不合格が決定した段階で、どんなネタが通りやすいのか探りを入れるつもりで、「お元気そうで何よりでした」的なメールを入れた。「ストーリーも何もないやん。あれじゃ無理やわ」という返事が来た。

重要なのはストーリー。予想以上の収穫だった。これ以上ネタについて質問するとマイナスなイメージを与えかねないので、「そうですよね！　次、頑張ります！」と切り上げた。

2分尺のネタでもストーリーが大事だとは夢にも思わなかった。それよりも、客席を沸かせるボケを何個入れられるかがキーだと勝手に思っていた。ストーリーを意識して、一から新ネタを作った。

出来上がったのは「勉強は不得意だが、知恵の輪を解くのが異常に速い小学生」のネタだった。

登場人物は、槙尾演じる家庭教師と、僕が演じる小学生男子。算数の問題に答えられない男子に、家庭教師が「お母さんから聞いたんだけど、知恵の輪、好きなんだって?」と知恵の輪を差し出すと、それまでおとなしかった生徒がすかさず奪い、一瞬で解き、「全然ダメだった！　遅すぎる！　『知恵の輪好き』と宣言したわりには遅すぎた！」「もっと難しいのちょうだい!!」と豹変する。

最終的に、家庭教師でも解けない知恵の輪を手に取った男子が、「コイツ……ほとんどクサリじゃん」

と言い、自作の知恵の輪ソングを歌いながら、それを解くというネタだ。

ストーリーというほどではないが、シャイで勉強も苦手な生徒が、知恵の輪に対してだけ二重人格的に強気な面を見せる、という縦軸はあった。先生が出す知恵の輪も段々とレベルアップし、ピークに向かう展開もあるので、それもストーリーと呼べるはずだと捉え、万全の気持ちで二度目の1回戦に臨んだ。

序盤からいい感じにウケたネタは、展開に沿って笑いの量も大きくなった。結果は見事合格だった。うれしいのはもちろん、2回戦に向けて一気に士気が高まった。当時は2回戦を突破すれば準決勝だった。準決勝に行けると行けないとでは、天と地の差があるのは明白で、M-1になぞらえれば、準決勝進出者はコント芸人としてのライセンスがもらえるようなものなのだ。

2回戦はネタ時間が3分になるので、持ちネタの中でもいろんな選択肢があった。我々が選んだネタは「アンケート」のネタだった。アンケートというシチュエーションは、とてもありきたりだ。

当時のコントはまだ表現が漫才に近く、二人で演じてわかりやすい、定番のシチュエーションというのがいくつかあった。例えば、医者と患者、美容師と客、ヒーローインタビューでの選手とアナウンサー、スーパーの店長と万引き犯、など。質疑応答のなかでしっかりボケられるシチュエーションが好まれていた。

アンケートも定番のひとつで、当時のコントは定番のシチュエーションの中でいかにおもしろいボケをぶち込めるかが勝負だった。つまり、大喜利勝負の戦いになっていく。だが、そのへんの戦いに挑むのは勝算がないことはわかっていた。絶対に埋もれてしまう。

僕たちの「アンケート」のネタは、そういうベタな設定を普通に展開すると見せかけて、営業スマイルでアンケートを実施しているボケの僕が、槙尾から「ちょっとその過剰な笑顔やめてもらえますか？」と1回ツッコまれると、そこから調子を崩し、用意されていたボケボケアンケートに対して「何だよ、これ」とか、自分で愚痴りながら展開をしていく、というメタ的な作りのネタだった。

槙尾が「ごめん、ごめん、そんなにショック受けると思わなかったから」と言うと、僕が「人に何か言うときは、それをその人が耐えられる人間かどうか見極めてから言うんだよ！」とキレるところが最高に好きなくだりだった。

これは新しい形のコントで、演技力も必要とされるため、僕たちが『キングオブコント』で披露するのに相応しいと確信していた。

コントの概念を変えてしまうかもしれない、と畏れさえしたそのネタは、まったくもってウケなかった。観客の「何見せられてんの？」という声が脳に直接響いて、吐き気がした。確実に落ちた手応えがあった。

コントの概念はそう簡単に変わってはくれなかった。

第1回『キングオブコント』の決勝進出者8組の顔ぶれは驚く面子だった。全国区の大きな賞レースということで、第1回とはいえ、有名若手芸人も多数出場していた。

そんなお祭りのような大会だったので、決勝進出者は有名芸人だけだと思っていたが、実際に決勝へ駒を進めたのは、バッファロー吾郎さん、バナナマンさん、TKOさん、ロバートさん、それ以外の半数が、当時まだ無名の芸人たちで、これは相当な衝撃だった。

準決勝に進出した中には、FUJIWARAさん、ペナルティさん、次長課長さん、ドランクドラゴンさん、インパルスさんなど、挙げればきりがないほどのコントの雄たちのほかに、その年の『M-1グランプリ』で優勝するNON STYLEさんや、翌年に優勝するパンクブーブーさんといった実力派漫才師も大勢いた。

そんな並みいる強豪たちを抑えて決勝へ進んだ8組の中に、ザ・ギースがいた。ボケの尾関さんとは学生時代から交流があり、芸能事務所アミューズにいた頃、学生お笑いからプロの芸人を作るというプロジェクトで、毎月一緒にライブに出たりもしていた。そこで尾関さんはトリオから大人数のユニットになったり、いろいろと大変そうに活動していた。

相方の高佐君は、アミューズのほうにはあまり顔を出していなかったのだが、早稲田大学の後輩で、早稲田寄席演芸研究会に入っていたので何かと交流があった。

そんな二人がコンビを組んだのが2004年。最初にその知らせを聞いたとき、「接点のなさそうな

「二人が組んで驚いた」というのが正直な感想だった。世の中の配置で見たら、学生芸人というだけでみんな近い人種だと思うかもしれないが、中にいる人間からすると、それぞれが表現活動をしているぶん、意外としっかり色が分かれて見える。二人がコンビで活動している絵がうまく浮かばなかった。WAGEが活動休止になったあたりで、ザ・ギースの単独ライブを観に行ったことがあった。笹塚のライブハウスは超満員で、めちゃくちゃウケていた。嫉妬するべきか、ファンになるべきか、迷うぐらいおもしろいライブだった。二人はしっかりと、二人にしかできない世界を作り上げていた。カッコよかった。

『キングオブコント』が開催されると聞いたとき、尾関さんに「出ますか？」とメールをした。その頃、尾関さんは少し前の単独ライブでアキレス腱を切断するという不運に見舞われていた。尾関さんの返事は「今はそれぐらいしか希望がないからね」という悲壮感にまみれたものだった。

そんなザ・ギースが決勝に残った。『キングオブコント』決勝前に、ライブで一緒になった際、高佐君に「すごいね！　頑張って！」と声をかけた。高佐君は急いでいて、ほとんど会話はできなかった。昔の仲間が晴れ舞台に上がる。2回戦敗退の自分の身を考えると、不甲斐なさが波のように押し寄せてきた。この気持ちを忘れないでいようと思った。

決勝をテレビで観ながら、ザ・ギースはもちろん、まだ無名だったチョコレートプラネット、天竺鼠、2700のネタを観て、この大会は何か新しいものを世に出そうとしていると感じた。今から振り返ると、それはコントの新しい定義だったのかもしれない。

決勝を観ながら、「この大会は捉えどころのない不思議なショウだ」と感じた。歪で物足りないと感じる人もいるだろうと思った。それは、お笑いという表現の中で、コントというものは本当にほんのわずかな領域しか占めていないからなのかもしれない。『キングオブコント』は、それをはっきりとジャンル化するために、とてもとてもフレッシュな一歩を踏み出したように見えた。僕の胸がドキドキと高鳴ったのを憶えている。「いつかあの決勝の舞台に立ちたい」と強く思った。

今でも年1回ほどで集まる4人のグループがある。TBSに就職した井手さんが、僕と、小島よしお、そして尾関さんに飯を食わせてくれる会で、最初に集まったのは、WAGEが活動休止した直後、小島もブレークする前だった。

井手さんと尾関さんは同学年で、アミューズのお笑いプロジェクトの中ではホープの二人だった。社会的な立場としては、TBSという一流企業に勤める井手さんと、本当に何もない芸人の3人での集まり。僕らにとっては日頃食えないようなうまいものが食べられる貴重な会で、「みんな売れるといいなぁ」という井手さんの言葉を、3人とも「そうっすねぇ」と答えながら、実際は兆しも見えないでいた。

しかし、小島は突風に吹かれたように、あっという間にブレイク。尾関さんと僕は「小島すごいなぁ」と、二人で一緒に言っていられると思っていた。そんな矢先の、ザ・ギースの躍進。落ち込みはしなかった。小島も尾関さんもすごいことになっているのだから、今度は自分の番に違いない。そう考えなければ、売れない芸人なんてやっていられない。

間近で売れていく芸人を幾度と見るたび、「あぁ、このコンビはこのタイミングで売れることにしたんだ」と思うようになった。芸人の後ろには、背後霊のように未来から来た自分自身がいて、「そろそろ売れようか」と、自分で自分の背中を押しているようなイメージだ。

先を越されて悔しいが、いつかは自分たちのタイミングが来るのだからいいじゃないか。

しかし、いつも思うのは、「自分はいつ売れることにするのだろう?」というシンプルな疑問だ。自分のいる界隈で誰かがブレイクしていくのを横目で見るのは、悔しい気持ちにはなるが、誰も売れないようなところにいてもしょうがないではないか。だから、身近な人が売れていくのはいい傾向に決まっている。

次の『キングオブコント』に向けて、劇団イワサキマキヲに必要なのは勝負ネタだということは確かだった。準備不足だった初年度と同じ轍は踏まないようにしなくてはいけない。そのためには、ネタをたくさん作る。ネタをたくさん作るというのは、野球でいったら、より多く打席に立つこと。いつホームランが出るかはわからない。だったら多く打席に立つしかない。打率は関係ない。

そして、そんな活動が功を奏することになる。ホームランは意外と早くに飛び出した。翌年の『キングオブコント2009』では、劇団イワサキマキヲにちょっとした奇跡が待っていた。

代名詞になるようなコント

『M－1グランプリ』も『キングオブコント』も、その他の賞レースも、大抵はテレビ局の一番組にすぎないのだが、若手芸人事情を見ていくうえで、これらを排除した目線は考えられない。賞レースがなかった頃、芸人はどんなタイミングで注目され、どんなふうに売れていったのか、もはや記憶にない。相当に運頼みな時代だったのではないだろうか。

今は賞レースが若手芸人出世街道の治安を司っていて、もはやその基準なしの世界など考えられないし、だからこそ逆に、賞レース以外からのスター誕生にも価値が認められている。賞レースのおかげで、子供の頃に観たテレビにあった、芸能界で飯を食うことの一か八かのギャンブルの様相はだいぶ薄れたと思われる。

2008年、賞レースは今と比べて数は少なかったが、若手芸人が売れるための極めて重要なファクターとして存在していた。僕が当時書いていたブログによると、2008年は『キングオブコント』だけでなく、『M－1グランプリ』、そして『R－1ぐらんぷり』も1回戦で敗退していたらしい。『キングオブコント』は再エントリーして2回戦には進めたのだが、かなり情けない結果だ。

賞レースはハッキリと結果が出るので、そのすべてで1回戦落ちというのは、なかなかメンタルにもきていたはずだが、逆パーフェクトとも言える結果は、記憶から完全に抜け落ちていた。防衛本能かもしれない。

とくに『R－1ぐらんぷり』は、年末から年始にかけて1回戦が行われるので、落ちると非常に縁起が悪い気がするのだ。2008年なんて、年始に1回戦で落ちて、年末の12月30日に2009年分のエントリーで1回戦落ちしていた。1年をR－1の1回戦敗退で挟んでしまっていたのだ。そういうのが嫌で、R－1からはやがて足を洗うことになる。

売れない芸人にとって年末年始は辛い。実家に帰って親戚にあわせる顔がないのだ。最初のうちは親戚も「今年こそテレビで観たいよなぁ！」などと軽口を叩いてくれていたのが、時が流れるにつれ、だんだんと腫れ物に触れるような態度になってくる。親戚の集まりの中で『新春！爆笑ヒットパレード』を観るのは辛いものだ。チャンネルを変えることは更なる惨めさを生んでしまうので、できない。そういう辛さや悔しさをバネに「絶対おもしろい新ネタを作ってやる」と心に誓うのだ。そのネタの先に、それぞれの一番欲している賞レースを見据えて――

2009年4月には、フリー芸人を卒業するという一大転機があった。ザ・ギースが所属していたASH&Dコーポレーションという、シティボーイズさんの事務所のネタ見せにも通っていたのだが、結局、小島よしおのつながりでサンミュージックに入ることにした。このへんは微妙なタイミングのズレで、ASH&Dに所属していた可能性も十分あった。

賞レースでの戦績は無残だったが、劇団イワサキマキヲのコントのレベルは徐々に上がっており、『エンタの神様』や『爆笑レッドシアター』など、人気ネタ番組の中の超若手枠で呼ばれたりもした。

2008年に決行した4本の単独ライブの3本目『しどろもどろおじさんの楽しい台所』では、のちに『キングオブコント2013』で歴代最高得点を叩き出す「白い靴下」というコントを披露している。

この「白い靴下」のコントは、初めて披露したときから手応えはあったのだが、とあるライブのオーディションで不合格になってから、「こんな小さなオーディションに受からないようなネタはダメだ」

と、しばらく封印されることになる。

しかし、この「白い靴下」により、それまで話したことのなかった芸人からも「あのネタ、ヤバいですね」「あれ、おもろいな〜」と声を掛けられ、大きな自信となった。

流れが来ているのは感じた。あとは、何か自分たちの代名詞になるようなネタが欲しい。3カ月おきの単独ライブも、ライブ全体の出来には満足していたが、突出したコントが出ないことに苦しんでいた。ミュージシャンで言うなら、世界観を表現できるアルバムの出来は良いが、世間を賑わすヒット曲がないのだ。この状態は今も変わらず、僕を形容するのに相応しい。「単独ライブの賞レースがあったらいいのに」と、槙尾と話したこともあった。

コンビ結成当初から、ヒット作を狙ってはいた。まずは「ゲテモノ大好き石毛兄弟」というネタだった。両ボケのネタで、ゲテモノ大好き小学生が、道で拾ったキモいものをゲテモノかどうか認定していく。兄の僕はゲテモノにしっかり美意識を持っているが、弟の槙尾は「キモければなんでもゲテモノ」だと思っている破滅型児童で、兄が弟のポケットを探って「お前！　まだこんなゲテモノに手出してるのか!!」と、泣きながらキレるのが見せ場のネタだ。もちろん、ヒットはしなかった。

しかし、〝そのとき〟は突然やって来た。ある日の夕方だった。家でネタを書きながら、ふと「昔の映画のしゃべり方って特徴あるなぁ」と気になった。黒澤映画などに見られる、早口でハキハキした、あの口調。発声が良くて、しっかりした人に見えるあの口調で、たとえば万引きした人が、「いやぁ、申し訳ない！」「あいにく無一文でねぇ！」なんて言っていたらおもしろいんじゃないかと、思い付いた。妻に軽くやって見せると、「いいじゃん！　わかるわかる！」という反応が返ってきたので、すぐにコントに仕立てた。

昼飯のサンドウィッチを盗んだ男が、追いかけて来たパン屋のパートさんに謝罪の弁明をするが、「それより、そのしゃべり方、何なの?」と問われ、「昨晩、黒澤明監督の映画を3本連続で観てしまってねぇ」と説明する。インパクトのある違和感と、ネタバラしまでは順調だ。

やがて、槙尾演じるパートのおばさんも、男の口調に影響されて、黒澤映画のしゃべり方になる展開を用意した。これはシンプルなツッコミが苦手な槙尾を、後半、転調させてボケにするという我々のパターンに当てはめただけなのだが、黒澤映画のしゃべり方とおばさんの相性が抜群で、そもそも、この展開を見せるためのネタだったんじゃないかと思うほどハマった。

「黒澤」というまんまなタイトルのこのネタは、初披露からびっくりするほどウケて、当時ライブシーンの人気者が集まるライブでも優勝するようなネタになった。これでやっと勝負できる。

確信の中で『キングオブコント2009』が始まった。

キングオブコント2009

『キングオブコント2009』が幕を開けた。

第2回となる2009年から、予選は1回戦、2回戦、3回戦、準決勝、決勝となっていた。1回戦のネタ時間は2分。これは『キングオブコント』あるあるなのだが、1回戦でおもしろい組が意外と落ちたりする。長めのネタならおもしろいコント師が、2分の中で実力を出せないまま終わってしまうのが理由だ。コント師に多い、おもしろいが、派手さのないコンビに不利なのだ。つまり、我々である。

そうならないために、1回戦は手堅く、『爆笑レッドシアター』や『エンタの神様』で披露した「病院面会」というネタを持って行った。

面会時間を過ぎてから母親のお見舞いに来た中学生を、宿直の医師が「今日はもう面会時間終わっちゃったから」と帰らせようとするが、「母の誕生日なんで、顔だけでも見せてあげたいんです」と粘られる。悩んだ挙げ句「あ、急にトイレ行きたくなっちゃった……じゃあ僕はトイレに行くけど、君はちゃんと帰るんだよ」と見逃してあげようとするのだが、中学生はその意図に気付かず、「臨機応変にしてくださいよ！」と訴えてくる。これは、あるあるのシチュエーションと、わかりやすいボケが短い尺に収まった、やる側からすると非常に助かるネタだ。ショッピングモールの営業などでも強い。

結果、無事に合格するのだが、当日の様子などはまったく憶えていない。受かって当然、と言うと生意気に聞こえるかもしれないが、それだけその年の目標が高かったのだ。目指すは決勝進出。そうすれば、人生が変わると本気で思っていた。

そして迎えた2回戦。この年の『キングオブコント』での必殺技と決めていたネタ「黒澤」を繰り出した。本当の勝負の場は準決勝だ。すべての芸人がそこに勝負ネタをぶつけてくる。もちろん、準決勝で披露するのも「黒澤」なのだが、2回戦でのネタ尺はまだ3分なのだ。3回戦から決勝までは4分になる。次のステージに上がるためにも、さっそく必殺技を出した。

結果は上々にウケて、ネタ終わりにインタビューもされた。槙尾と二人で、決勝までの展望なんかをカメラの前で語り、夕方、結果を確認すると……落ちていた。

あっさり落ちた。1年間に4回も単独ライブをやって、ネタ番組にも少しずつ呼ばれるようにもなった。4月からはサンミュージックに所属し、事務所ライブでもトップ5しか入れないグループまで上がっていった。なのに、一番ラブコールを送っている『キングオブコント』にあっさりと落とされた。数日前には、その頃ブームになっていた、パワースポットの清正の井戸にもコンビで行って、願掛けしてきたばかりなのに。また1年かと思うと、くじけそうになった。槙尾も相当ショックを受けていた。あまりにも早すぎる……。

目標は決勝だった。それが2回戦で落ちたのなら、そんな目標は夢のまた夢だったんだ。だとしたら、どこで負けても一緒じゃないか……とはなれないのが、当時の僕らの状況だった。ひとつでもいいから上に進みたかった。8月の頭。あまりにも早い夏の終焉。

失意の中、2週間ほど過ごしたある日。事務所ライブで下北沢のライブハウスにいると、マネージャーが「追加合格だって。よかったね」と、普通に話しかけてきた。「え？　追加合格？『キングオブコント』のことですか？」とは怖くて聞けなかった。マネージャーはすぐに「『キングオブコント』。あ、公式から発表されるまで言わないでね」と続けた。首の皮一枚つながった。

神様はいた。それはきっと笑いの神だ。やっぱり今年だったんだ。となると、次は3回戦だ。

実は3回戦には、ある意味「黒澤」以上に信頼できるネタを用意していた。それは「熟年夫婦の喧嘩」という、会話も少ない熟年夫婦が腹話術で本音を言い合うというネタだった。

僕が演じる寡黙な夫が、いきなり腹話術で「浮気してんじゃねえだろうな」と、妻にぶっ込んでいく。妻は最初「なんですか？　言いたいことがあるならはっきり言ってください」と憮然とするが、夫はそれに対し「え？　何もないよ」と、しらばっくれた直後、腹話術で「だから浮気してんじゃねえだろうな！って言ってんだよ！」と、腹話術特有の高い声で捲し立てるコントだ。すぐに妻のほうも「こんなやり方でしか本音言えねえのかよー」と腹話術でやり返し、そこからはお互い微動だにせず、腹話術で本音を言い合ったり、自分の手を腹話術人形のようにパクパクさせたり、表現技術が上がっていくなどのボケがあった。

自分で言うのもなんだが、このネタも「病院面会」と同様、秀逸と称されるタイプで、腹話術でなら本音を言い合える夫婦というのがギリギリ共感を持ってもらえるし、へたくそながら腹話術という遊びが入ることで、観客も楽しく見られるメリットもあり、幅広くウケやすかった。

ただ、こういう秀逸なネタというのは、ウケはするが、お利口さんのネタになりすぎて、賞レースなどでずば抜けた印象を残すのは難しいという側面もある。爆笑の天井が決まっている、といった感覚で、故に必殺技にはなりえない。しかし、準決勝に駒を進めるための3回戦を「熟年夫婦の喧嘩」に託すのは、これ以上ないぐらい頼もしかった。

普通に考えたら、追加合格という補欠合格のような措置でなんとか3回戦に進んだ我々が、その先に進む可能性は高くない。しかし、僕は非常に自信があった。

そして、今はなき新宿明治安田生命ホールでの3回戦。

「熟年夫婦の喧嘩」はいい感じにウケた。ツカミでウケて、そのままストーリーの盛り上がりに沿ってウケる、秀逸なネタが秀逸にウケたという形だった。

そのまま会場で結果発表が行われた。楽屋のモニターの前には、その場に残っていた芸人たちが集まっていた。たくさんの芸人が息を潜め、耳を澄ませるなか、「劇団イワサキマキオ」の名前が読み上げられるのをハッキリと聞いた。今度はストレートに勝ち上がった。

流れが来ていた。1年間想い続けた決勝まであとひとつ。準決勝で必殺「黒澤」の完全版を思い切りやるというところまで漕ぎつけた。

準決勝に残っているのは70組。2500組以上から絞られた、その中に劇団イワサキマキオがいる。もう夢のステージは始まっていた。

決戦の日は夏の終わり、8月31日だった。

半日遅れの悔し涙

『キングオブコント2009』の準決勝当日。僕と相方の槙尾は、決戦の地である赤坂BLITZのある赤坂のカラオケ館の一室で、リハーサルから本番までの数時間、稽古をしながら潰していた。巨大な会場で行われる、文字通りの大舞台に押し潰されないように、繰り返し練習するそのネタは、もちろん「黒澤」だ。

もしネタが物質として可視化できるなら、あのときの「黒澤」はツヤッツヤに輝いていたことだろう。磨けるところは全部磨いた。ウケるイメージしかなかった。このままでは決勝に行ってしまう。思ったよりずっと早く夢の場へたどり着いてしまう。ザワザワと騒ぐ心を、小島よしおのことを考えて気持ちを落ち着けた。かつて同じお笑いグループで活動していた小島は、2008年に赤坂BLITZで単独ライブをやってのけている。少しでも彼に追いつけるように頑張らなければ。僕には乳飲み子もいるんだ。今すぐ売れなくてはいけない環境にいるんだ。

夕方、会場に戻った。本番が始まろうとしている。僕たちの出番は二番手。なかなか厳しい出順だった。なんでこんな順番なんだろうと嘆いた瞬間もあったが、順番なんて関係ない。早いほうがその日最初のインパクトを残せるし、ネタ被りの心配もないので思い切りやれる。

僕たちのひとつ前、つまりトップバッターは、浅井企画所属のエネルギーさんだった。コントに定評のあるベテランのお二人だ。きっと盛り上がる。トップバッターが自分たちじゃなくてよかったという気持ちになる。盛り上げ下手な僕らが一番手だったら……と思うと恐ろしかった。

トップバッターにスベられると困るので、僕らじゃなかったのかもしれない。気を抜くと一気にそんなネガティブな気持ちが波のように連なって押し寄せる。決戦の日のメンタルの乱高下は激しい。

ついに、エネルギーさんのネタが始まった。直後、舞台袖にいた僕は言葉を失った。そのネタは、一人ぼっちで遊んでいる子供に、着物姿の狂言師のおじさんが「遊んであげる」と絡んでくるが、狂言独特の動きやしゃべりで鬱陶しがられるという内容だった。古いしゃべり方をイジッているというところで「黒澤」とネタがカブっていた。まさかの二番手でネタ被りが発生するとは……。これならトップでやりたかった。笑いの神様のいたずらとしか思えなかった。二番手でネタ被り、確かにおもしろい。でもそれを笑えるメンタルにはなれなかった。

何とか気持ちを切り替え、丁寧にネタに入ったが、今まで披露した「黒澤」の中では一番ウケなかった。演じながら「会場広いなぁ」と感じてしまったのだから、勝負あったというところだろう。

控室に戻る廊下で、ピースの又吉さんに会った。又吉さんは、僕がNSCの生徒だったときに、一期上のスタッフさんとして授業に参加しており、何度かお話させてもらったことがあった。先輩たちから「お前ら似てるな」とイジられたこともあって、仲良くしてもらっていた。

「すごいなぁ。めっちゃウケてたやん」と言ってもらえた。「本当はもっとウケる予定だったんです」と伝えた。そんなことを伝えてもどうにもならないのに、まるで「もう一度やらせてください！」というような勢いで、又吉さんに訴えていた。が、すぐに、これから出番の方に負の感情で接するのも申し訳ないと冷静になり、その場を離れた。

落ち込んだまま控室でモニターを観ていると、東京03さんが出て来た。モニター越しでもガンガンとウケているのがわかった。暗い気持ちで観ていたはずなのに、「コンビニ強盗」のネタは本当におもしろく、ワクワクした。自分にはまだ解けない難題を、お手本のように楽々とクリアしていく姿を見せられているようで、悔しいとかそういう気持ちになる以前に、この世界には僕が思っていたよりもっとおもしろいものがたくさんあるに違いないと、視界が広くなった気さえした。

この年、決勝に進出したメンバーは、東京03、サンドウィッチマン、しずる、インパルス、モンスターエンジン、ロッチ、天竺鼠、ジャルジャルの8組だった。

前年の攻めた人選からは一転し、テレビで活躍中のコンビが多数選ばれていたが、それでも時代を担う若きコント師たちが多く選ばれた印象だった。しずる、天竺鼠、ジャルジャルは、コンビ結成年では僕らより古いが、芸歴で見たら僕よりも下だったし、年齢だけで見たら決勝組のほとんどが同世代の芸人たちだった。

思ったより早く決勝の舞台に上がってしまうなどと夢見ていたようにはならなかったし、そうなっていたとしても、何も早いことなどなかったのだ。結局ビビっていたということなのか。なんとも情けなくなった。

一夜明け、妻はパートに出ていて、息子は寝ている。僕はアパートのベッドに寝そべりながら、準決勝敗退のブログをガラケーで打ち込んでいた。『キングオブコント』に賭けた1年だった。2回戦で不合格になってからの奇跡の追加合格。作戦通りだった3回戦。満を持してのネタ「黒澤」……後悔はなかった。

気が付くと、涙がとめどなく溢れていた。無理やり泣き止むと体に悪そうだと思うぐらい、涙が止まらなかった。やっぱり本当はこんなに決勝に行きたかったんだ。半日遅れて流した悔し涙だった。

決勝の日。準決勝進出者の僕は、審査員としてスタジオに入っていた。審査員は100人の芸人たち。

生放送。決勝進出者はみな当然のごとく堂々のパフォーマンスだった。知っているネタでも、しずるの青春コントはすごいクオリティーだった。

甲乙付け難いコントの連続に、やっぱり生で観るお笑いはすごいと、何度も唸った。

そして最後、東京03さんのネタ「旅館」は格別だった。会場がひとつになる瞬間が幾度とあり、僕はあのブロードウェイでミュージカルに触れたときの感動に近い、エンタメの持つ原始的な力に再び触れた感動を覚えた。

ネタを観終わった僕は、興奮冷めやらないまま、満点である10の数字を機械に入力していた。文句なしの優勝だった。

東京03さんのネタは、秀逸なのにもかかわらず、ボケ1個1個に体重が乗っていた。演じているプレイヤーが醸し出す匂いごとおもしろい。秀逸なのにお利口さんにならないネタ。そんなネタを作りたいと思った。そんなネタで勝負したいと思った。僕は前を向いていた。

コント師にとって夏の意味が変わってしまった

我々の『キングオブコント２００９』は準決勝進出という結果で終わった。

東京03さんが優勝したことで、ますます自分の中に、この大会で結果を残さなくてはいけない、という想いとプレッシャーが生まれた。そこは本当におもしろいコントが優勝できてしまう、コント師にとっての理想郷なのだ。ただし、それまでの道程は細く険しい。

この頃から、多くの若手コント師たちにとって、1年の暦は『キングオブコント』を軸にまわりはじめ、夏は楽しい季節ではなく、胃の痛くなる戦いの季節へと変わったと言っても過言ではないだろう。

準決勝まで行ったのだから、次は決勝もあり得る、という淡い期待は、劇団イワサキマキオの内外に漂っていたはずだ。２００９年の11月には、小島よしおを入れて3人でのユニットコントライブを開催しつつ、単独ライブは相変わらずやり続けた。だが、テレビの露出としては、たまに深夜のネタ番組に出させてもらったりする程度だった。

『Ｍ－1グランプリ２００９』では、ラフォーレ原宿で行われた2回戦で、同世代の漫才師たちの漫才を間近で見て、コントに専念したほうがいいという思いに至り、以降、完全にコントだけをやるようになった。

そうして始まった２０１０年の夏。昨年の準決勝進出者ということで、2回戦からのシード権を与えられた我々が、初戦に選んだのは「英会話教室」というネタで、英語をしゃべることに異常な羞恥を持った英会話講師がボケのコントだった。

英会話教室にもかかわらず、英語を話すマインドになるまで異常に長いアイドリングが必要な講師が、「マイネームイズ ヒロフミ・タチバナ。ワッツユアネーム？ ときたもんだ！ なんつってね！」と、わざとカタカナ英語に日本語を交え、お茶を濁してくるが、アイドリングが終わるや否や、今度はハイテンションで、まるでアメリカ人のように振る舞い、流暢に英語をしゃべり出す、というネタだ。

大好きなネタというわけではなかったが、このコントは後半、キャラクターのおかげですごくテンションの高い盛り上がりがあるし、僕の帰国子女という部分を大いに利用したサービス精神旺盛なネタでもあった。講師のキャラクターが陰から陽に転じるなど、展開もしっかりある。「英語はクレイジーになれば誰でもしゃべれます！」と、英会話をイジったりするテーマ性もあって、低評価を付けづらいネタでもある。つまり、2回戦のネタとしてガチガチに堅いチョイスだった。

調整もばっちりで臨んだ2回戦当日。出番はかなり早く、午前中だったが、ツカミから順調にウケて、問題なく終了した。盛り上がった組や知名度のある組にされるインタビューも受け、ホッとした気持ちで、事務所の先輩エルシャラカーニさんのコントを客席の後ろから見守った。

ウケは悪くない。エルシャラカーニさんは漫才師だし、ネタは漫才から流用している感は否めないが、2回戦も突破できるかもしれない。出番終わり、昼食がてら連れていってもらったファミレスでも、「めっちゃいい感じでしたよ！」と二人の健闘を讃えた。

その日の夕方。中野で19時からライブがあったので、槙尾と二人、僕のアパートで3回戦に向けた戦略を練っていた。槙尾がそわそわ携帯をチェックしている。ホームページで本日の合格者が発表されるのだ。

その瞬間は突然来た。槙尾が携帯を握りしめ、「えー!!」と絶叫したのだ。運命共同体の男のなんとも情けない叫びにムカッ腹が立った。「……落ちてる」という言葉を聞くまでもなかった。信じられなかった。あのネタで、あの手応えで。言うのもカッコ悪いが、前年は準決勝にも行っているのに。なんでだ？

槙尾がさっきの絶叫とまったく同じトーンで「エルシャラさん受かってる!!」と叫んだ。なんでだ。『キングオブコント』よ、お前は純然たるコントの大会じゃなかったのか？　相思相愛じゃなかったのか？　今年も準決勝までは行けると信じていたのに。もちろんスベったり、微妙なネタをやった日にはすぐ切って捨ててくれてかまわない。でも、こんなのって……。

劇団イワサキマキオの1年は何だったんだろう。我々の周辺に淡く感じられた期待は何だったんだろう。残念と同時に怖くなった。来年に向けて頑張ると言っても、来年に何の保証もないことが今回でわかった。奈落に落ちていくようだった。

その後、槙尾とどんな会話をしたかも憶えていない。代わりに憶えているのは、パート帰りに保育園へ息子を迎えに行く妻に「ダメだった」と電話で報告し、「ライブ前にちょっとでもいいから顔を見せて」と言われたことだ。

槙尾と別れ、自転車で保育園のほうに行くと、道の向こうに妻の姿が見えた。彼女は人目を憚らず「マジでムカつくんだけど!!」と、僕の代わりに怒ってくれた。2歳の息子は何が何だかわかっていない。情けない。妻の怒り顔を笑顔にできるのは自分しかいないのだ。『キングオブコント』はそんなに悪い大会じゃないんだ。妻にも好きになってもらいたい。そのためにも頑張らないと。

夜のライブはしっかりとウケた。「やっぱりコントはいい」と思えて1日が終わったことは救いだった。妻の提案もあり、槙尾を家に招いて飲み会をした。当時独身だった槙尾を、そんな夜に一人にする

のはあまりにかわいそうだと思ったのだ。

ごくごく平和な宴だった。我々はあまり期待しないように、と前置きしながら、3回戦が始まるまでは「追加合格」の報が来るのを祈ることにした。去年はそれで生き残った。2年連続の2回戦追加合格、悪くない。自分たちに合っている気もする。

数日後、ツイッターで「追加合格」と検索するつもりが、あろうことか「追加合格」とツイートしてしまい、ファンの方から「ぬか喜びさせないでください！」と怒られた以外は、とくに何も起きずに2回戦敗退が決定した。

『キングオブコント2010』を制したのは、キングオブコメディさんだった。いよいよ同世代の優勝だ。決勝で披露されたコントはどれも素晴らしく、準優勝だったピースさんのコント「男爵と化け物」は、もはや演劇だった。やはり『キングオブコント』決勝の場は、コント師にとっての理想郷だと確信した。絶対に出たい！　それは全コント師の心の声でもあった。

第5章　この世で一番ほしかったもの

かもめんたる誕生

『キングオブコント2010』は、キングオブコメディさんの優勝に終わった。派手さなど関係ない、地面にしっかりと根を下ろした、本格派のコントでないと優勝できない大会だと思った。そして、それは我々の望むところでもあった。

その秋、劇団イワサキマキオは「かもめんたる」に改名する。ネタ番組のオーディションなどで「本当に劇団の人なのかと思った」「笑いっていうよりも演劇だよね」と、コンビ名がマイナス方向に働くことが多かったのと、ありがたいことに、コントのDVDを出してもらえることになったので、改名するなら今しかない、という話になったのだ。

自分たちでコンビ名を考えるのが照れくさかったので、我々の単独ライブのフライヤーのデザインを担当してくれていた方に考えてもらった。いくつかあった候補の中から、「かもめのように飄々と人々のメンタルをえぐるようなコント」を目指してほしいという願いから生まれた「カモメンタル」の響きが気に入った。しかし、カタカナだと冷たい感じがするので、平仮名にしたらどうかと提案した。この頃は常に藁をも摑むメンタリティだったので、しっかり字画も見てもらうと、これがとても良かった。

今となっては「かもめんたる」でしかない我々だが、当時は改名にかなり違和感を持たれた。もともとの劇団イワサキマキオという自分たちの名字を合わせたものから、まったく関係のない「かもめんたる」になるのだから、違和感は自分たちの中でも大きかった。でも、自分という人間とはかけ離れた何か別のものになるというスイッチとして、この違和感のある屋号は必要なのかもしれないとも感じた。

かもめんたる初のDVD『ネズミと亀』は、トータル40分ほどの、値段もボリュームもおさえたシリーズの中での発売だった。自分たちで構成を考え、なるべく我々の魅力が伝わるようにバリエーションのあるネタを揃えた。WAGE時代にもDVDを出したことがあったので、ようやくコンビでそこに追いつくことができた気がしてうれしかった。

割り当てられた予算の中で、デザイナーさんともアイデアを出し合い、DVDのジャケットは、宣材写真のようにさわやかに笑っているかもめんたるの頭上に、半裸の自分たちが紫色の身体で悪霊のように笑っているという、とても気持ち悪いデザインに仕上げてもらった。

コンビでの活動も3年ほどになり、自分たちのコントが怖かったり気持ち悪かったりするものが多いことには自然と自覚を持つようになっていた。コントだから変な人が出てくるのは当たり前なのだが、その方向が恐怖や不気味さに向いているのは、きっと僕が生まれ持った好みだったのだろう。そしてそれは、お笑いの表現においてメジャーではなかった。

ライブで悲鳴交じりの大きな笑いは起きても評価には繋がっていかない体感があった。やや禁じ手という雰囲気があったのだろうか？　単純に、生理的に無理だという人もいただろうし、お笑いは「楽しいものでなくてはいけない」という価値観の人もいると思う。例えば感動的なコントは、笑いの量にさらにお話の良さも加点されるが、怖いネタや気持ち悪いネタは、逆に減点されるような雰囲気があった。

そもそもコンビを組んだときに、なるべく競合相手を作らない、オンリーワン的な表現を目指すべきだと思っていたが、いつの間にか辿り着いた恐怖や不気味を売りにしたスタイルは、言ってしまえば、使い手がいない人気のない流派のようだった。冷静に考えたら、パイオニアになるとはそういうことなのだし、その異端な立ち位置自体は嫌いではなかったが、そのまま進んでいいものか不安ではあった。

そんな2010年末の『M－1グランプリ』で、とても印象的なことが起こった。

スリムクラブさんが、それまでのM－1の歴史を逆手に取るような、超スロー漫才で日本中の度肝を抜いたのだった。

その漫才はとても妖しく、不気味で、超絶おもしろかった。自分たちの信じる道を歩んで、その境地に辿り着いたであろう芸風に、僕は勝手にシンパシーを感じた。自分たちのスタイルがあんなに革命的に映ることはなくとも、いっぱしの表現として認められる日は来るはずだし、そうしなくてはいけないと思った。

また、この頃、自分たちが『キングオブコント』の決勝に辿り着くために非常に重要となった要素のひとつが誕生している。FKD48というユニットだ。

これは非吉本で、芸歴10年ほどの、実力はあるのに吹き溜まっている芸人を集めたユニットで、磁石、流れ星☆、三拍子などが音頭をとって結成された。

メンバーはなかなか豪華で、ほかにアルコ&ピース、タイムマシーン3号、Hi－Hi、マシンガンズなど、当時テレビには出られないが、ライブシーンでの人気者が集まっているイメージだった。そこにかもめんたるも初期メンバーとして誘ってもらったのだった。正直、これはとてもうれしかった。

FKD48のライブに来るファンの多くは女性で、その半数以上はあまりかもめんたるの笑いを好きな層ではなかったはずだ。しかし、我々がFKD48に入ったことにより、積極的に好むというわけではないが、受け入れてくれるようになった。

その結果、お笑いライブや賞レースの予選のウケも格段と良くなった。FKD48のライブでは、自分の人気のなさを痛感して悲しい思いになることが多かったが、それでもリターンは大きかった。

キングオブコントの座を目指し、単独ライブでのコントはより本格的に、より独自の路線を貫く一方で、お笑い芸人として活路を見いだすべく、「謝罪会見をする市川海老蔵さん」のモノマネで『笑っていいとも！』やゴールデンの番組に出たりもした。市川海老蔵さんのネタでは『R－1ぐらんぷり』にも挑戦し、1回戦で落ちた。そのまま世に出ていたら、一体どうするつもりだったのかはわからない。とにかく必死だったのだ。

そうして迎える『キングオブコント2011』で、我々かもめんたるは無事に2回戦を勝ち抜き、3回戦に駒を進めた。

FKD48の効果もあり、ライブシーンでのかもめんたるのコントのウケはウナギ上りだった。

機は熟した。最低でも準決勝には行けると思っていた。

しかし、そこには『キングオブコント』の魔物が潜んでいたのだ。

まるで失敗の見本市

『キングオブコント2011』で、かもめんたるが勝負ネタに選んだのは、槙尾がナルシスティックなキャラクターを演じ、僕が超絶冷静なツッコミを入れていくというスタイルのコントだった。

2回戦でやったコントもその形で、僕の演じる男がハイキングの途中、倒れている男を見つけ、抱えて起こすと、それが槙尾演じるバンパイヤで、「なぜ助けた！　なぜ人間が私を助けた！」とナルシスティックに叫び、ハイカーが「やべえ、面倒臭そうなヤツだ」と切り捨てるところから始まる。

バンパイヤは、何かと「もっとバンパイヤという希少な存在に食いつけ」というオーラを出してくるが、ハイカーは「気持ち悪い。興味ない」という態度を続け、ついにバンパイヤは「お前が普通の人間だったら今頃お城とか招待してたけどね！」とキレる。ハイカーが「いや、行かない行かない」と興味のない態度をキープすると、バンパイヤは「どっか行け！　変わり者！」とハイカーを罵倒するが、変わり者というディスに対してハイカーが「うっさい、バンパイヤ～」と直球で返し、バンパイヤは「いや、『バンパイヤ』は悪口じゃねえから‼」とさらにキレる。

人間に興味のあるバンパイヤと人間が出会ったら、きっと起こるであろう素敵な物語をスタートせずに、入り口でこじれて、まるで交通トラブルで揉めているぐらいの、殺伐とした生々しい口論を繰り広げるのがミソのコントだ。

ほかにも、妖精vsサラリーマンや、未来人vs新米パパなどのバージョンがあった。

コンビとして3年間やってきたかもめんたるが見つけた最先端のコントの形だった。もともと僕がボケで、槙尾がツッコミという、なんの捻りもないところから、いろいろな経験を積んで辿り着いたこの形が、かもめんたるの正解だと思った。

ＦＫＤ48というユニットにも加入し、そのおかげでライブシーンのお客さんはかもめんたるも贔屓にしてくれ始めている感じがした。機が熟すとは、こういうことを言うのだろう。

盤石に2回戦までを終え、迎えた3回戦。会場は2年前に「熟年夫婦の喧嘩」のコントで見事合格を勝ち取った明治安田生命ホール。縁起が良い。

選んだネタは「未来人」のコントだった。僕が演じる男は1時間ほど前に娘が生まれた新米パパで、「これから頑張って働くぞ!」というところに、いかにもなルックスの未来人が「今、西暦何年ですか⁇」とやって来る。新米パパとしては「俺は今幸せなんだよ! 一刻も早く帰れ! 未来が変わったらどうするんだ、このバカ!」というテンションで、未来人を無価値というか、むしろ疫病神扱いで追い払おうとする。未来人は、自分の価値に気付かない男に「僕がその気になったら、これから株が上がる会社とか教えることもできるんですよ?」と主張するが、逆に「それで俺が株を買って未来が変わったらどうするんだ! お前はそのへんのモラルをきっちり学んでからタイムマシーン及びタイムトラベルに関われ!」と怒られてしまう。

口論が続き、新米パパが「お前、未来人だからちょっとわかんなかったけど、未来でもたぶん変な奴だろ?」と未来人を詰めると、「まぁファッションは変わってるって言われます」と、そのいかにもなルックスが別に未来のスタンダードじゃなかったというのを未来人がバラすところが大きな仕掛けとなっていて、普段のライブでもコントの後半で大きくウケる理想的な盛り上がりのグラフを描いていた。

順当にいけば、3回戦突破は難しくないはずだった。しかし、コントが始まって早々にトラブルが起きた。槙尾が僕のところに駆け寄って、「今、西暦何年ですか⁉」と言う直前。駆け寄って止まった瞬間に、腰に付けていた小道具のピストルが床に転がった。明治安田生命ホールのステージの床は板張りで、水鉄砲を改造して作った未来の銃はカランカランと安っぽい音を立てて転がった。テンパった槙尾は慌ててピストルを拾い上げ、「今、西暦何年ですか⁉」と言おうとして、ハッキリと噛んだ。

これが賞レースの恐ろしさだ。1年で一度しかないチャンス。リラックスしてやるほうが無理なのだ。それはお客さんにとっても同じで、結果、些細な失敗でも、それが起きた瞬間、一気に「あぁ……」という残念な空気が会場を埋め尽くし、地獄の空気に変わってしまう。

小道具落としと、それに伴う動揺からの噛み。なかなか致命的な状態だ。槙尾は「今、す、せ、西暦何年ですか?」と僕の顔を見たが、その顔は「すみません、このまま僕を殺してください」と言っているようだった。これが大事な賞レースの出番中じゃなければ爆笑必至の顔だった。

しかし、僕も人のことは言えない。その後のやりとりで「お前、未来の病原菌とか持ってないよな?一応、風上に立っとこう」という僕のセリフがあるのだが、それを「川上に立っとこう」と言い間違えてしまったのだ。川を出現させてしまった。

ネタの後半、件のピストルを出したときには、「さっきの不運なピストルだ」的な少し気まずい空気が会場に漂った。

コントのオチは、その未来人が実は新米パパの子孫だったというものなのだが、そのバラし方が、未来人が僕のネックレスのチャームを見て、「あ、この紋章は我が家に代々伝わる……」と言って自分の髪をかきわけ、額にあるチャームを指差し、僕が「ああ!　ってことは、お前の先祖、俺かよ!」となる流れだった。

しかし、槙尾が最後、自分の額を指差すと、あるはずのチャームがそこになかった。頭に縛った革ヒモはあるが、肝心のチャームがない。

槙尾は自分の額のことなので、チャームがないのは見えておらず、黒目を上にやり、間抜けな顔で指を差し続けている。僕は諦め、何もない額に向かって「ああ！　ってことは、お前の先祖、俺かよ！」と言って、逃げるように舞台を後にした。

舞台の袖で確認すると、チャームは反対側の耳のほうにまわってしまっていた。初めて見る現象だった。

舞台で起こりうる、すべての失敗をやった気がした。まるで失敗の見本市のようなパフォーマンスだった。

もちろん、その日、合格者としてかもめんたるの名が呼ばれることはなかった。

僕は自分たちのツイてなさに笑うしかないという心境だったが、槙尾は初めて見るぐらい酷く落ち込んでいた。

槙尾という、相方という存在

『キングオブコント2011』では、かもめんたるは3回戦で失敗に次ぐ失敗の末、敗れ去った。

槙尾がボケで、僕がツッコむ、二人が平等に活躍するコンビの最新の形を、ベストパフォーマンスでぶつけることができなかったという、悔いが残る結果だった。とはいえ、前を向くしかないと早々に切り替えた僕に比べ、槙尾はなかなかこの敗退から立ち直れずにいた。

あの日の悲劇はすべて槙尾の小道具落下から始まった。僕はもちろん、そのことで槙尾を責めたりはしなかった。自分も失敗したという事実もあったし、何より槙尾自身が気の毒なほど落ち込んでいたからだ。

槙尾は3回戦が終わってからもずっと元気がなく、その後のライブでもケアレスミスを連発したり、コント中、謎にサスペンダーの片方が弾け飛んで、変な空気にさせたりしていた。元気づけようと話をしても、そこに、普段は言霊を信じ、ポジティブシンキングをモットーにしていたはずの男の姿はなく、信仰を失った僧侶のような、荒んだ自棄の目をした男がいた。

槙尾との出会いは大学生のとき。僕が幹事長をしている時代のお笑いサークルWAGEに、2年生ながら入会したいとやってきたのがきっかけだった。

当時の槙尾は原宿にあったクリストファーネメスというモード系のファッションに全身を包み、カバンまでも同一ブランドで統一する徹底ぶりで、髪形もワックスとドライヤーを駆使して何時間かけたんだろう?と思わせるファッショニスタだった。当然こちらとしてはかなりビビった。足元を見てもアザラシの毛で作ったブーツ（8万円）を履いている。そんな早稲田生はなかなかいなかった。今となっては、あのときのファッショニスタはどこへいってしまったんだろうと思うほど、槙尾のファッションに気骨を感じることはない。出会った頃がたまたま彼のファッション絶頂期だったのだろう。アザラシのブーツとネメスのコートは、それから10年後、劇団イワサキマキオ時代に「ゲテモノ大好き石毛兄弟」のコントのヘンテコ衣装として使用させてもらった。

お笑いサークルの幹事長と新入生という立場で知り合ったわけだが、槙尾が最初に書いてきた台本を見て、僕は面食らった。内容がとにかくブラックだったのだ。とある有名人を槍玉に挙げて、めちゃくちゃ言うコントだった。台本を読みながら嫌な気持ちになった。最初の感想として「こいつとお笑いやりたくないなぁ」と思った。だから槙尾には、「お笑いサークルはほかにも、寄席演劇研究会っていうのがあるからそっち行ったほうがいいかも」と勧めた。

槙尾はそれがとてもショックだったと数年後に聞かされた。ただ、僕の気持ちにもなってほしい。お笑いサークルの幹事長として頑張っているところに、全身モード系のツンツンヘアーの男が、むちゃくちゃブラックなネタを書いてきたら、「何か問題が起きる前に追い出したい」と思うのが人情だ。

結局、槙尾はそれ以来ネタを書いてくることはなく、演者としてコントサークルWAGEに残り、ともに活動をする中で、僕も「あれ？　こいつ実は意外といい奴なんじゃないか？」と思うようになったのだ。

しかし、ダウンタウンに憧れてこの世界に入った自分にとって、やはり相方というのはとてつもなく大きな存在だ。お笑い活動＝コンビ活動なのだ。まさか自分が将来この男とコンビを組むことになるとは、大学時代には思ってもみなかった。

かもめんたるは、僕がネタを書いて、コントでも漫才でも主要な役割のほうを僕が演じている。なので、かもめんたるは僕がメインのコンビに見えるかもしれないが、相方が槙尾でなかったら、これが全然違うコンビになっているのは誰より僕が一番わかっている。

どんなに僕がやりたいことがあっても、結局この二人で表現できることしかできないのだ。仮に、槙尾よりも優秀な芸人と組んだとしても、その人とやるネタはかもめんたるのネタではないのだ。屁理屈に思われるかもしれないが、本当にそう思っている。ネタの発想は槙尾に関係なくあっても、それを形にする中での展開は、二人だからこそ生まれるものだ。僕はかもめんたるのネタを愛している。コンビにとっては、これがすべてだろう。

ＷＡＧＥでプロとして活動していた頃、槙尾とは仲良しだった。当時二人でよくやっていたミニコントがある。二人で洋服屋さんに入り、槙尾に「好きな服選びな。なんでも買ってやるよ。たまには先輩らしいところ見せねえと」と言って、槙尾が服を選んでいる途中で、僕が「急に頭が痛くなってきた」と始め、最終的に「なんでこの店にいるんだっけ？」と奢る約束を忘れてしまっているという流れだ。もちろん、もう二人で洋服屋さんに行くことはない。

槙尾は薄情で、妬み嫉みも多いけれど、意地悪をする人間ではない。まったくネタは書かないけれど、むしろそれがありがたい。僕の書いたものを一生懸命に表現しようとしてくれる。そこには自分を殺したりする作業もたくさんあると思う。

２０１１年当時は、今よりもネタのことで揉めていた。「ここのボケはこの言い回しのほうがいい」とか、そういう芸人らしい話し合いだ。僕の気持ちとしては、ネタ制作者である自分のほうが絶対にネタをよく理解しているのだから、自分の意見が正しいと思っているし、槙尾としては「ここに関しては、

自分のほうが客観視できているし、少しぐらい自分の言うことをネタに反映してくれてもいいだろう」という気持ちがあったはずだ。

現在の槙尾はネタには口出ししないと決めているように見える。なので昔のようにネタで揉めることはない。その代わり……これについてはまたいつか書くことになるだろう。

悲劇の3回戦の後、いつまでも不甲斐ない目をした槙尾を飲みに誘い、発破をかけたのは憶えている。「失敗するのはいいけど、失敗し続けるのは駄目だ！」と、その頃読んだ本に書いてある言葉をそのまま言った気がする。思えば、腹を割って話をしたのは久しぶりだった。

槙尾はその後、拍子抜けするほどあっさりと復活してくれた。

二人の気持ちは来年の『キングオブコント』へ……と、向かうその前に、『キングオブコント２０１１』の決勝メンバーは度肝を抜く選抜だった。

決勝メンバーへのジェラシー、そして夫婦喧嘩

3回戦でかもめんたるが自滅的に敗退した『キングオブコント2011』の決勝メンバーは衝撃だった。選出されたのはTKO、ロバート、インパルス、鬼ヶ島、モンスターエンジン、トップリード、2700、ラブレターズの8組だ。

鬼ヶ島さんを筆頭に、トップリードとラブレターズが決勝に進んだのは東京のライブシーンの話題となった。もちろん、どの組もコントの実力は折り紙つきなのだが、『キングオブコント』というゴールデン番組の賞レースの決勝に、その3組が同時に進出するというのは快挙以外の何ものでもなかった。

3組とも都内のライブハウスで、かもめんたると頻繁に一緒になっていたし、ラブレターズに至っては彼らがデビューした当時から知っており、コントにおいて大事にしていることにシンパシーを感じていたコンビだった。そんなラブレターズのネタ、中学の卒業式で歌われる校歌がゴリゴリのラップという「西岡中学校」は、たしかにポップでインパクトもあり、ライブシーンでは爆笑をさらっていたが、まさか『キングオブコント』の決勝進出権までかっさらうとは思ってもいなかった。

『キングオブコント』に関しては、芸人界隈で様々な噂があった。「決勝メンバーに無名枠は一枠しかない」だとか、「無名のコンビが決勝に上がるには2年連続で好成績を残さないといけない」というまことしやかな噂で、僕としても「まぁそりゃそうだよな」と思っていたのだが、それが違ったのだ。純粋に驚きだった。

準決勝で一発ウケれば、決勝に上がることができる。当たり前のことのはずなのに、それを信じられ

ないで、決勝に上がるのは夢のまた夢と、落ちたときの言い訳をどこかで用意していた自分を恥じた。トップリードとは同じFKD48のメンバーでもあったし、鬼ヶ島さんもそれぞれの芸歴はやや先輩だが、トリオになってからの芸歴はかもめんたるとほとんど変わらなかった。そんな自分たちと普段同じステージでコントをしているコント師たちが、夢の舞台で日本一を競うのだ。羨ましくないわけがなかった。

決勝メンバーが決まってから、僕の小さな心はジェラシーに苛まれていた。普段のライブでのウケを見たって、そんなに見劣りしているはずはないのに、今のこの差は一体何なんだろう。必死こいてネタを作って、誰よりもやっているつもりなのに。一方は決勝で、一方は3回戦敗退。

芸の世界では「誰かの芸を見て、自分と同等と思う相手は、実際は自分よりずっと上のレベルだ」という格言がある。そのまま今の自分に当てはまるのかもしれない。そう思うと怖くてたまらなかった。悔しがっている自分の立ち位置すら見誤っているのか？　だとしたら、もう夢も希望もないじゃないか。

決勝メンバーが発表になった日の夜、妻と喧嘩をしてしまった。内容は忘れてしまったが、原因は僕が決勝進出組へのジェラシーのせいでイライラしていたのだ。

すぐに冷静になった僕は、去年の『キングオブコント』で2回戦敗退した僕の代わりに、中野の路上で「超ムカつくんだけど！」と怒ってくれた妻に八つ当たりをするなんて、「芸人どうこうの前に人としてどうなんだろう」と反省した。いや、実際はもっと情けなくて、「このままこの人にも捨てられたら、どうなっちゃうんだろう」という恐怖を感じただけかもしれない。

とにかく僕は「ごめん。実は『キングオブコント』の決勝メンバーが発表になって、その中に3組も普段ライブで一緒になる面子が入っていて……」と正直に打ち明け、謝罪した。妻はあっけないほどあっさり「やっぱり、おかしいと思ったもん」と許してくれた。このとき、決勝に行くのも幸せだけど、夫婦円満も幸せだと気づき、救われた気持ちになったのを憶えている。

決勝当日はライブもなかったので、妻と一緒に生放送を観た。審査員は準決勝で敗退したコント師たちだった。「せめてこの中にいたかった」と暗い気持ちになった。

トップバッターのコンビ・トップリードは、舞台を大きく使ったコントを見事にやり切っていた。格好よかった。羨ましかった。

そして、どうしても心からはネタを楽しめていない自分がいた。そりゃそうだ。自分が目指している大会の決勝を、予選で敗退していながらゲラゲラ笑って観られるわけがない。でも、自分に足りない何かがそこにはあるはずで、今は、それを見つけてしっかり吸収するしかない。

TKOさんに続き、3組目がロバートさんだった。圧倒的な優勝候補で、すでに誰もが認める最強コント師。僕と秋山さんは同い年だ。芸歴は秋山さんが2つ上で、僕がNSCに入ったときの入学式の日、夜はその会場でNSC卒業生の芸人たちによるお笑いライブがあり、まだ無名のロバートさんも出ていた。秋山さんの繰り出すボケのワードセンスに痺れ、「すごい人がいる……」と思った。秋山さんはそのあとすぐに、フジテレビの『はねるのトびら』でお笑い界のニュースターとなった。あそこまで強く正しいおもしろさは、時代に風穴を開けるのだ。

ロバートさんのネタは、日光江戸村のような場所で、こなれすぎた「忍者ショー」を設定にしたコントだった。ベテラン忍者アクターを演じる秋山さんと馬場さんの、絶妙にいそうで、絶妙にデフォルメされたキャラクター、そして二人の異様な関係性に翻弄されるインタビュー記者役の山本さん。忍者ショーの楽屋と舞台上を同ステージで見せながら、しっかり世界観を構築していく、ロバートさんの真骨頂のようなネタだ。

秋山さんは、あの入学式の日に初めて観たときよりもずっと恰幅がよくなっている。繊細そうなセンス溢れるオーラは影を潜め、圧倒的なパワーとバカバカしさを身にまとっていた。その下に確かにあるセンスが、狂気というスパイスとして匂い立っている。センスは抜群なのに、それをバカバカしさが凌駕するのを見せられたとき、人は爆笑するのだろう。

岩崎家の小さな居間は、僕と妻の笑い声で揺れた。笑うって楽しい。笑うってなんて幸せなんだろう。素直にそう思った。
『キングオブコント2011』は、ロバートさんの優勝で幕を閉じた。
2700の「キリンスマッシュ」や、モンスターエンジンさんの「ミスター・メタリック」など、普通のネタ番組では見られないであろう、画期的なネタも観ることができて、大満足の夜となった。

逃げて逃げての果てに

『キングオブコント2011』はロバートの優勝で終わった。

NSCに入学した日の夜にライブで観て、度肝を抜かれたロバート。松本人志さん、フォークダンスDE成子坂の桶田敬太郎さん、そしてロバートの秋山竜次さん、彼らは僕が心酔したコント三大ボケ芸人だ。

御三方とも独自のボケの体系を持っている。ボケを武器に例えるなら、ライオン、トラ、ゾウのように、それぞれがそれぞれの肉体、脳ミソから生みだす抜群のボケを持っており、そこには決して猿真似では追いつけない跳躍と破壊力がある。同じ芸人として、憧れずにはいられない存在だった。

人間、自分のことほどよくわからないもので、もちろん芸人も同じだ。自分の武器というものがよくわかっていなかったりする。芸人がインタビューで「自分はブサイクだとは思っていなかったので、この世界に入ってそれをイジられて驚いた」という発言をしているのを見たことがあると思う。それがあらゆるレベルで存在するのだ。天然の人ほど自分がそうだと気づいていなかったり、本当はワードセンス抜群なのに無自覚であったりもする。だからこそ、まわりの芸人や作家のアドバイス一発で才能が花開いたりするのだ。

大抵の芸人は、先人に憧れてお笑いを始める。ほとんどの芸人の物語は「僕もあの人みたいに誰かを笑わせてみたい」「あの人に救われたように自分も誰かを笑いで救ってみたい」というところからスタートする。そして、すぐに「あの人」に憧れている人間の数の多さを目の当たりにし、「自分の出る幕じゃない」という思いに至る。その段階でお笑いを諦める人間もいれば、強行突破でその道を突き進む人間もいるし、争いを避けて新たなキャラクターを模索する者もいる。

僕の持論では、世に出ているほとんどの芸人が、この「争いを避けて新たなキャラクターを模索する」をやった結果だと思っている。最初、強行突破を試みた者も、結局ここに落ち着くと考えている。

オリジナリティという言葉がある。芸人の世界ではとても大事なことで、これがなければ大勢の中から選ばれるのは難しい。オリジナリティという言葉の響きにはエネルギッシュなイメージがあるが、オリジナリティというのは結果であって、そこに至るまでの当事者の心境は関係ない。

「これが俺のオリジナリティだ！」という熱量で表現を続けられている人間はどれだけいるのだろう？僕の現在も、他の芸人との争いを避けてやってきた結果だ。

お笑いの世界では、いや、もっと言うと、多くの表現活動の世界では、ポジションの取り合いはできても、本当の意味で競争すること自体できないのかもしれない。先駆者がいて、そこに戦いを挑む時点で、その人の「パクり」になってしまうからだ。アスリートがタイムを競い合うような戦いは存在しえない。「この表現はもう誰かがやっているが、これならまだ誰もやっていない」という、自分の外にある基準で、表現者は自分のオリジナリティを見つけていくのだ。

その流れだけを見ると、寂しい光景に思えるかもしれないが、そんなことはない。パクりにならないよう、逃げて逃げての果てだとしても、まだ誰もやっていない表現を見つけるという行為の崇高さは、輝きを放っていると信じている。

僕が高校生の頃、いろんな人気ミュージシャンが歌を出すたびに、「よくこんな定期的に素敵なメロディが生まれてくるなぁ」と感心した。いつか世界にはメロディがなくなってしまうんじゃないかと心配したが、何十年経ってもそんなことにはなっていない。

きっとお笑いも音楽も、その他の表現も、まだ先駆者の踏んでいない聖域を求めて彷徨いながら、そのジャンルの表現レベルを結果的に少しずつ押し上げていってるのだろう。

『キングオブコント2012』に向けて、僕はまさに自分のオリジナリティというものについて考えていた。歴代の優勝者を観て、彼らの放つコントの魅力は、その芸人自身と密接に絡まっているように感じたのだ。シチュエーションや構成だけの力ではない、芸人自身から出てくる魅力がコントに命を吹き込んでいた。そのためには、オリジナリティもあって、それが自分の性質にぴったりと合っていることが大事だと思った。

かもめんたるにとって、それがどんなコントになるのか……やはり自分ではよくわからなかった。ただ、前年に3回戦で落ちてしまった我々は、戦略としてはいきなり決勝を目指すよりも、とにかく準決勝でインパクトを残すべきだと思っていた。準決勝で、いわゆる「爪痕」を残すことこそが、『キングオブコント2012』でのミッションだと、槙尾と話し合った。

そこで「コンタクトレンズ」というネタに白羽の矢を立てた。これは、表現がいちいちエグイ奴が出てくるコントで、妻の曾祖母が怪我の経緯を説明するときの表現がエグかったのを、僕がおもしろがってコントにしたものだった。気持ち悪いコントで、ハマると最大瞬間風速がすごいネタでもあった。

オリジナリティに関しては問題ないし、何よりやっていて「こんなネタで笑いを起こせるって最高だ！」と、快感を覚えるネタであった。

これは完全に賭けだった。ネタ自体は数年前からあったのに、それまで『キングオブコント』の予選でやっていなかったのは、単純に打率が悪かったからだ。ハマらない時はとことんハマらない。しかし、

前年の3回戦で落ちた経験は、僕らにある種の開き直りを与えてくれていた。安全策にも正攻法にも、どんな落とし穴が待っているかわからないと身をもって知ったからだ。かもめんたるは「コンタクトレンズ」の持つホームランの可能性に賭けることにした。

大博打だという自覚があるぶん、少しでも勝率を上げようと、槙尾はネタを録音するようになった。するとと、槙尾がある日「早口でしゃべっている日のほうがウケている」と言い、録音を聴かせてくれた。聴いてみると、槙尾の言う通りだった。それまで僕は、録音を聴いてもどうせ客観的には判断できないと思っていたのだが、それは間違っていた。槙尾の手柄だった。

そして、『キングオブコント2012』が始まった。

大博打が当たる……そんな大会になることを、当時のかもめんたるはまだ知らない。

初めて報われる

2012年8月、かもめんたるは『キングオブコント2012』の準々決勝に駒を進める。と言っても、この年は1回戦の次が準々決勝で、決勝と同じ尺の4分ネタをやるのがルールだった。決勝ではどの組も必ず2本ネタを披露するので、準々決勝と準決勝では違う4分ネタをするべきなのだろうと芸人側は憶測する。大会側の真意は明言されていないのだが、「2本違うネタを披露したほうが印象は良いだろうし、両方を観に来るお客さんの反応も同じネタより良くなるはずだ」と、かもめんたるも2本のネタを用意していた。

前年に3回戦落ちの我々にとっては、準決勝で爪痕を残すというのがその年の最低目標だった。準決ではホームランか三振かの「コンタクトレンズ」というネタをぶつけることは決めていたので、準々には「作文」というネタを持っていくことにした。

このネタは、僕が先生役で、生徒の作文に「これは非常によく書けている……でも、これ、お母さんが書いたんだろ？　おつかれさま」と詰め寄るコントだ。さらに先生が、その不正行為を「オツカレしちゃったんだろ？」「オツカレしちゃったな？」と、独自の隠語で繰り返し突いてくるというブラックなコントだ。いつかこの「オツカレしちゃったな？」というのがお茶の間で流行ればいいと思っていた。全国の子供が「ウソだぁ！」と言う代わりに「オツカレしてる！」と言うようになったら最高だと思っていた。『爆笑レッドカーペット』や『エンタの神様』の影響もあり、芸人にとって何らかのフレーズがお茶の間で流行るというのが成功のステータスであった。

「作文」は打率としても高く、まわりから「あのネタいいね」と、褒められやすいネタだった。先生役は狂気の存在だが、後半になると、実は生徒役の槙尾のほうがヤバい少年だったという、かもめんたる得意の展開もあり、オリジナリティもあるだろうとチョイスされた、と思われる。

思われる……と言うのは、このへんの自分の記憶が非常に曖昧なのだ。1回戦も準々決勝の記憶もほとんどない。その後かもめんたるに訪れる衝撃の展開のせいで、周辺の記憶が吹き飛んでしまったのかもしれない。

さっさと準決勝の話をするしかないのだが、その前に、その頃の僕の心境の変化を伝えたい。

当時のかもめんたるの活動の軸は、『キングオブコント』への挑戦と、単独ライブだった。単独ライブに関しては、相変わらず年に3本ほどのペースで続けていた。そこでの一本一本のコントのおもしろさは大事なのだが、パッケージ感も意識していた。全体をリンクさせてひとつの世界を表現するわけだ。

全体をリンクさせるのは実は簡単で、同じ小道具を複数のコントで使用したり、同じ登場人物を出したりすればいいだけ。ただ、僕はそういう安易なリンクだけじゃなく、繋がっているからこそ生まれる展開があったり、シンプルにテーマだけが繋がっていたり、もっと芯の部分でリンクしている世界を創るのが好きだ。そんな創作に関しては、他のコント師たちよりも向いていると感じていた。その能力は『キングオブコント』やテレビの世界では役に立たない能力だということもわかっていたのだが、結成して4年間とちょっとで行った12回の単独ライブを経て、すごく素直に言うと、「俺、悪くないぞ」と自己満足はできていた。

「『キングオブコント』から認められなくても、かもめんたるで自分の世界観を創っていければいい」と、落ち着いて自分たちの状況に目をやると、「今の活動を続けるためにも『キングオブコント』の称号が必要なんだ」と、改めて気づいた。キングの称号は欲しいし、その前に決勝に行きたいという気持ちはあるが、以前の「『キングオブコント』でひっくり返してやる！」という荒々しいマインドではなくなっていた。

準決勝の直前に「コンタクトレンズ」のネタがウケない時があった。周囲からもネタを変えたほうがいいと言われた。しかし、槙尾と僕はブレなかった——と言うと格好よく聞こえるが、それまで人の意見に従ったり、直前に英断とばかりに作戦を変更して失敗してきたので、たまにはそのままやってみようと決めていただけのことだった。

妻と結婚したときのことを思い出す。格上の女性に、とくに策を講じることなく付き合えて、同棲して、子供ができて、売れてもいないのに祝福されて、結婚できた。うまくいくときは、うまくいくんだ。そう信じて、ジタバタしないようにした。

さぁ、準決勝の話をしよう。場所は3年前と同じ赤坂BLITZ。ネタがカブるなどのトラブルもなく、自分たちの番になった。コントをやりながら、ウケるポイントは外していないのを感じる。このままもっともっとウケてくれ。そんな願いを乗せて、笑い声が伸びていく。オチがくる。僕が絶叫し白目を剝くと、槙尾がこちらを覗き込み、「失神してる……でも、ちょっとうれしそうだ」と、最後のセリフを言った。大きな笑いが起き、照明が落ちていく——。

4分間、ずっと悪くなかった。ホームランになってくれ！　届いてくれ。フェンスを越えてくれ。徐々に落ちていく照明の中、「そんなに暗くしたら、ボールがフェンスを越えたかどうか、見えないじゃないか!!」と、真剣に思った。爪痕だけじゃイヤだ。決勝に行きたい——。

翌日、結果発表を聞きに再び赤坂BLITZへ。この日も別の出演者たちで準決勝が行われた直後

だった。約70組の芸人が客席に集められ、独特の緊張感が漂う。プロデューサーが壇上に上がり、「今年も本当に僅差でした」と、お決まりの挨拶をしたあと、1組目に名前が呼ばれたのは「バイきんぐ」さんだった。ここは当確の仕上がりだと言われていたし、小峠さんとは日頃からネタの話もしていたので素直にうれしかった。次に「銀シャリ」の名前が呼ばれると、漫才を主戦場にしているコンビの選出に会場がどよめいた。続いて、さらに異例の5人組「夜ふかしの会」――。

この時点で僕は「終わった」と観念した。ここまでの3組はすべて決勝初進出で、全国的な知名度もなかった。これ以上、フレッシュ枠はないだろう……。多くの芸人が心の中で溜め息をついたはずだ。

僕は、来年の自分たちの煽りVTRに使われても困らないような素敵な笑顔で残りの決勝進出者を送り出そうと心に決め、顔を上げた――次の瞬間。

「4組目。『かもめんたる』さん、おめでとうございます」と、プロデューサーが言った。

人生で一番幸せな瞬間

「4組目、かもめんたるさん。おめでとうございます」と、壇上のプロデューサーはたしかに言った。場所は『キングオブコント2012』決勝進出者の発表会見。まさかの選出に会場がどよめく……どよめいたはずだ。

その瞬間、僕はまわりの状況を把握できるような状態ではなかった。つい1秒前まで「今年、爪痕は残せた。来年が勝負だ」と冷静ぶっていたのに、天井と床が入れ替わってしまうぐらいの衝撃にのみ込まれて、脳はぐわんぐわんに揺れていた。

見えない角度から飛んできた幸せのパンチでぶん殴られたようだった。痛みの代わりに、喜びが襲ってくる。洪水のような喜びだ。僕は溺れまいと必死に頭を出すように、「よっしゃあああ!!」とガッツポーズをし、勢いそのままに、壇上に続く階段を上っていった。早く壇上に上がって「僕たちが、かもめんたるです!」と名乗らなければ、誰かにその権利を取られてしまいそうで怖かった。

何年間も憧れ続けてきた、夢の切符をついに手に入れたのだ。壇上に上がって、たくさんの芸人が拍手をしてくれているのを見たら、涙が溢れてきた。

夢のまた夢だと思っていた8組に残ることができた。過去の予選でのんだ数々の悔し涙なんてもうどうでもいい。いや、それだけじゃない。大学生になってお笑いサークルに入って、舞台に上がるようになってから、いろんな大会で惨めな思いもしてきたし、プロになってからも、オーディション、ライブ、様々な賞レース、私生活、どこでだって、売れない芸人でいることで屈辱的な思いをするタイミングはたくさんあった。子供もいて、30歳をゆうに超えて、自分は世界一の大バカ野郎なのかもしれないと不安で眠れなかった夜たちも……すべてがこの時のためだったんだと思えた。間違いなく、人生で一番幸せな瞬間だった。

結局『キングオブコント2012』のファイナリストは、バイきんぐ、銀シャリ、夜ふかしの会、かもめんたる、うしろシティ、しずる、トップリード、さらば青春の光、と超フレッシュな面子となった。

こんなにガチな審査があるのだろうかというぐらいガチな審査だった。「だから大好きなんだよ！『キングオブコント』！　相思相愛だね！」と、心から叫びたくなる夜だった。

昔は賞レースの予選なんて、ある程度の忖度は当たり前で、そういう忖度をしてもらえる位置まで早く成り上がることが芸人の目標だったりしたのだ。それが歴史を重ね、賞レースはガチだからおもしろい、という価値観が確立された今は、予選でやましいことが行われることはない。

決勝進出者全員の発表が終わり、一旦、場がお開きとなる。それからは各コンビが様々な媒体から取材を受けるのだが、その前のタイミングで、急いで妻に電話をした。「もしもし」なんて言っている場合じゃなかった。僕は彼女が電話に出るとすぐに「受かった受かった受かった」と連呼した。怖かったと思う。でも「そんなの関係ねぇ！」だ。小島よしおもきっと喜んでくれるはずだ。感謝しなければいけない人がたくさんいる。妻も興奮状態で「よかったねぇ！　よかったねぇ！」と繰り返したあと、「早く、お母さんにも連絡してあげて！」と言った。

取材やアンケート記入などを終え、赤坂からの帰り道、僕は自転車に乗らず、押しながら歩いていた。ネットニュースでかもめんたるの吉報を知った方々から連絡がきていて、それらに返信しながら帰ったからだ。坂を上るところで、ふいに夜空を見上げる形になった。

こんな夜が自分の人生にあるなんて……と、心から思った。小島に電話をすると、お笑いライブの楽屋にいたらしく、まわりにいた芸人さんからもお祝いの言葉をもらった。そんな中、みんなが口を揃えて言っていたのは「今年はバイきんぐさん、ヤバいからなぁ！」という情報だった。「そうか、これからバイきんぐさんと闘うのか……」と、呑気にそこで初めて実感した。

2012年。当時のバイきんぐさんは噴火寸前の火山のようだった。ライブシーンではどこに行ってもホームのようなウケ方をしていたが、そんなことでは満足いっていない様子で、『キングオブコント』にかける情熱は湯気のように小峠さんの肩から立ち上っていた。

甘かった。まだかもめんたるはスタート地点に立ったところだったんだ。浮ついた気持ちがしぼんで下りてくる。正直に言って、僕たちが「優勝」しているところはイメージできなかった。でも、それで言ったら、今回決勝に行くところだってイメージできていたわけではない。それでも、「コンタクトレンズ」と「作文」という、現時点でのかもめんたるの代表的なコントを2本、ゴールデンタイムのテレビで披露すれば、とんでもなくハッピーな結果になるという自信はあった。

その夜は眠りにつくのがいやだった。ずっと幸せな気持ちでいたかったのもあるが、朝起きて「全部夢だった」なんてことになるのが怖かったのだ。それほど遠いものだと思っていた決勝に、かもめんたるは駒を進めた。

その後1カ月間は行くところ行くところでみんなが祝福の言葉をくれる、それこそ夢のような期間だった。

事前にクジで決まった本番のかもめんたるの出順は4番手だった。過去にキングオブコメディさんは4番手で優勝しているし、ロバートさんは3番手で優勝している。つまり、良い順番だった。

決勝の前日、ＴＢＳでリハーサルがあった。後ろに置くセットをどれぐらいの分量にするかなどは芸人の自由なのだ。リアルにするためにあまりたくさん置いてしまってもセットに負けてしまうし、少なすぎても他の組と比べて貧相になりすぎてしまう。番組側は芸人が好きに選べるよう、多めに用意してくれている。本当に夢のような現場だ。とはいえ、セットの塩梅については経験が乏しいので、担当のディレクターさんと相談しながら決めた。

スタジオは心地よい緊張感に包まれていて、すでに聖地の風格を漂わせていた。「明日で俺の人生が変わる」そんな主人公のような気持ちが沸々と湧いてくる。怖さはなかった。明日になれば、ここにダウンタウンさんがいて、1年前にはテレビの中で観ていたあの場所で、自慢のコントを披露できる。隣にいる槙尾も調子が良さそうだ。元来ナルシストな男だ。自分なりのストーリーを組み立てて、彼は彼のドラマの主人公でいるはずだ。

はばたけ！　かもめんたる!!

いざ夢の舞台へ……そこは天国か地獄か？

『キングオブコント2012』決勝。前日のリハーサルで感じた高揚感はそのままポジティブなエネルギーとなり、僕の中にみなぎっていた。決勝で争う芸人たちは芸歴に大した差はなく、「最高のコントをやっているのは俺たちだ！」と、勝ち名乗りを上げようとしている若武者だった。

決勝当日。正午過ぎに若武者たちがTBSに続々と集まってくる。入り時間を大幅に過ぎた頃、バイきんぐの小峠さんが、コンビニ袋ひとつで楽屋入りしてきた。なんと、深夜バイト明けだという。その情報にざわつく楽屋……すでにカマし合いが始まっている。

我々かもめんたるは、担当ディレクターさんに時間を計ってもらいながら、TBSの会議室でコントの練習を繰り返した。当時の『キングオブコント』は、4分ピッタリで強制的に暗転されると事前にアナウンスされており、それは相当なプレッシャーだった。オチの前に強制終了されて、点が伸びるわけがない。笑い待ちの時間も考慮して、3分45秒以内にネタを仕上げてあるので、それを確認しつつ、フレッシュさを失わないように留意しながら、何度もネタを繰り返す。

いよいよ本番。MCであるダウンタウンの松本さんが、開口一番「今回のメンバーほとんどが無名でしょ？」と言った。それはそのままお茶の間の感想だろう。「待ってろ、お茶の間。かもめんたるのコントで度肝を抜いてやる」と、僕はまったくブレなかった。

トップバッターのさらば青春の光、二番手の銀シャリと、生放送は順調に進んでいく。3組目のトップリードのネタが始まった。次は、かもめんたるだ。ここで、不安が気泡のように現れた。「生放送でネタをやるの初めてかぁ……」そんな小さな不安だった。すると、思考はネガティブの海にダイブしていく。もしセリフが出てこなくなったらどうしよう……放送事故だ……『キングオブコント』初の放送事故……。

不安の海の中にいる間に、トップリードの点数が出る。厳しい点数だった。よく知る二人の顔が悔しさに歪む……。胸が痛んだ。怖くなった。よく考えたら、前日から抱いていたポジティブなイメージには何の根拠もなかった……。日本全国にネタを観てもらえるチャンスは、全国的に抹殺される可能性も孕んでいるのだ。恐怖と不安が手を組んで押し寄せる。

崩れゆく砂の上に立っているような錯覚に陥った。助けてくれ！　ＣＭがあけたらコントをしなくちゃいけないのに……。立て直そうにも手掛かりがない。ほとんどパニック状態だった。槙尾！　槙尾は大丈夫なのか!?　すでにステージでスタンバイしている槙尾を見た。幕が下りた暗い舞台に立つ槙尾の姿は、よく知る姿だった。小道具のメガネを手に持って、いつも通りの顔で立っている。僕の中のスイッチが入った。こいつにできて俺にできないわけがない！　無礼な気持ちを大きくしていくしかなかった。「俺よりもザコなのに、あんなに堂々とあそこに立ってる！」「う大！　お前は槙尾に負けるのか？」そんな言葉の数々が、不安や恐怖を追いやっていく。

ＣＭがあけ、かもめんたるの紹介ＶＴＲが流れる。ＶＴＲの最後には小島よしおが登場し、ギャグ交じりのエールを送ってくれたところで、会場が沸く。幕が開き、ステージに明かりが入ると、僕の心は完全に切り替わっていた。

「コンタクトレンズ」のコントは、出だしから順調にウケた。このネタは、コンタクトを買いに来た男が、「私、鼻がずーっと折れてるもんで」「久しぶりにやったら神経触れちゃったみたい。バカみたいに痛えや！」「角膜剝がされたサルが裏で山積みにされてたらイヤですよ」など、ひたすらエグい言葉を連呼するのだが、これが客席の芸人たちにハマった。

笑いが起こるたびに自信が湧いてくる。そうだ、そうだよ！　俺は常に、客席にいる自分が驚いて笑えるような、オリジナルのものをやりたいと思ってやってきたんだから……同業者にハマらないわけがないんだ！　その答え合わせが、通常では決してありえない100人の芸人という観客の前で行われていた。芸人たちの大きな笑い声は最後まで僕の耳に届いた。恋い焦がれるように憧れた『キングオブコント』決勝のステージは、やっぱり最高の舞台だった。

コントが終わり、ダウンタウンさんのいるMC台の前に行く。松本さんは「なかなかいい世界観だったんじゃないですか？」と言った。正直驚いた。当時まだ審査員ではなく、あくまでMCだった松本さんが、評価的なコメントをするのは珍しかったのだ。一方の浜田さんは、「そうですか」と無表情で返した。それは松本さんの評価が点数に影響を与えるのを危惧しているようで、僕は逆に「松本さん、ガチで褒めてくれてたんだ！」と足が震えそうだった。あの「松本人志」に世界観を褒められるなんてことが、自分の人生に起こる出来事だとは信じられなかった。

さらに発表された点数は883点。その時点でのトップとなった。「出来すぎだ！」と舞い上がる自分と、「こうなるつもりで来たんだから！」となんとか落ち着こうとする自分がいた。

その後、しずるが6番手で913点の高得点を叩き出し、僕らは2位となった。

そして、トリの8番手に登場したのがバイきんぐさんだ。抽選で引いた出番がトリというのは、やはりこの年のバイきんぐさんは、何かに導かれていたとしか思えない。コントの始まりから終わりまで凄まじいウケで、会場がお笑いのコンテストからフェスに変わったのかと思うほどのゲームチェンジを起

こされた感覚があった。

点数は驚異の967点。勝負ありという感じだった。

2本目の準備に向かう途中、ぞろぞろと移動するさらば青春の光チームとすれ違った。コントの雰囲気からも気が合いそうだと思っていた森田とは、この大会を機に一気に仲良くなっていた。森田は「バイきんぐさん、4分超えても強制暗転ありませんでしたわ！　うちの作家に時間計ってもらってたんで。2本目ゆったりやって大丈夫っすよ！」と教えてくれた。

他のコンビの時間を計るという発想がなかった僕は、それがすごくおもしろかった。いろんな戦い方がある。

ふと、全国大会の舞台裏にいる自分が不思議だった。スポーツでも、ましてや勉強でも、たいして目立ったことがなかった自分が、一番好きなお笑いで、コントで、全国中継されている。30代半ばにして、人生のピークが来ていると確信した。

チャンスのすぐそば

『キングオブコント2012』決勝2巡目が始まった。1巡目を3位という順位で折り返せたことは自信になり、メンタル的には安定していたが、2本目の「作文」のネタは「コンタクトレンズ」ほどのハマり方はしないだろうと思っていた。

そんな中、4位で折り返した盟友さらば青春の光がズバズバとワードをハメてコントを終えた。1本目がトップバッターでなかったら、もっと上位にいたはずであり、間違いなく上位争いに食い込んでくるコンビだと思っていたので、驚きはしなかったが、電光掲示板に表示されたのは945という驚異の点数だった。かもめんたるがさらば青春の光に勝つには925点以上を取らなくてはならなくなった。これは厳しい。けれど、ここで逆転すれば絶対に盛り上がる。そして、それがこの最高の舞台への恩返しになると思った。

いざ我々の出番が始まると、「作文」のネタは悪くないウケで進んでいった。「そうか。俺ハマってるんだ」と、やりながら冷静に思った。いつものライブよりウケている。そして、かもめんたるの十八番だった展開、槙尾が豹変するくだりになった。普段のライブではここでさらに盛り上がる。……だが、そうはならなかった。悲しいかな、槙尾はそんなにハマっていなかったのだ。結果は907点。そこでかもめんたるの『キングオブコント2012』は終了した。

結局、バイきんぐさんは2本目で、あの名台詞「なんて日だ！」が放たれるコントを披露、974点を叩き出し、ぶっちぎりの優勝を飾った。

悔しがれる点差ではなかったし、自分の中ではかもめんたるのネタが2本とも高評価を受けたことへのうれしい気持ちが強かった。昨年は3回戦で小道具を落として敗退した我々が、夢の舞台で3位になったのだから。

すべてを終え、楽屋の荷物を片付けていると、祭りのあとの寂しさが込み上げてくる。改めて、決勝進出が決まったあの日から、最高の1カ月間だった。ダウンタウンさんに憧れてお笑いを始めた自分が、ダウンタウンさんの前でネタを披露して、松本さんから「なかなかいい世界観だった」という言葉をもらえたのだ。中学生の頃、『ダウンタウンのごっつええ感じ』を観て、翌日友達とその感想を言い合っていたあのときの自分に「俺やったよ！」と、ようやく顔向けができる気がした。

廊下で顔見知りのディレクターさんに声をかけられた。松本さんは、ネタ中は裏のモニターで観ているのだが、その人はずっと松本さんのそばについていたらしく、「松本さん、かもめんたるのコントでめちゃくちゃ笑っとったで」と教えてくれた。「ありがとうございます」と言いながら、涙が止まらなかった。うれし涙は、だんだんと悔し涙に変わっていき、やがて僕は嗚咽しそうなほどに号泣していた。もっともっとおもしろいコントができるはずだ――。

決勝から1カ月もしないうちに、前から決まっていたWAGEの一夜限りの復活ライブがあった。すべて新作で臨む意欲的なライブだったが、ハッピーな空気に包まれていて、昔からのお客さんを前に『キングオブコント』で3位になれました！」と報告できたのは本当にうれしかった。

決勝進出の効果で、かもめんたるへのライブのオファーは格段に増えたが、テレビの仕事は期待していたほど増えなかった。お笑いで食べていくのはまだまだ無理だった。

そんな折に、小島よしおからとんでもない提案をされる。小島は「このタイミングで単独ライブを頑張るのはあまりにも普通すぎるので、役者さんを交えて三人芝居をやるのはどうですか?」と、真剣な顔で進言してきた。

まったくやりたくなかった。素直にコンビのネタを磨いて、最短で『キングオブコント』優勝を狙いたかった。しかし、僕は「ネタの内容は好き勝手に頑固にやるが、それ以外は人の言うことに従おう」というモットーを持っていたのと、小島の提案があまりにもピンとこなかったので、「逆にすごいアイデアなのかもしれない」とも思えてきて、一緒にやってくれる役者さんを探すことにした。

しかし、役者の知り合いなどなかなかいないし、誰でもいいわけではない。そこで、槙尾の電話帳にあった「ヨーロッパ企画」という劇団の石田剛太さんという役者さんに電話をすることにした。

ヨーロッパ企画は京都のコメディ劇団で、当時すでに本多劇場などで公演をするほどの人気劇団だった。しかし、槙尾は石田さんと仲が良かったわけでもなく、6年前にWAGEを解散した直後、ラジオのリポーターとしてヨーロッパ企画の公演を取材した際に、電話番号を交換させてもらったという、かなり細いラインだった。

6年ぶりの、ほぼ見ず知らずの芸人からの「三人芝居」の誘いは石田さんを怖がらせ、計画は失敗かと思われた。しかし、ヨーロッパ企画で作・演出を務める上田誠さんの「かもめんたるは今一番おもしろいコントをする人たちやで」という鶴の一声によって、2013年の4月、かもめんたるは番外単独ライブと称して『四月の三日月』という三人芝居の舞台を開催するに至った。

この舞台は自分の中ですごく大きな手応えがあった。なにより、稽古の段階から本当に楽しく、コントとはまた違う笑いを扱っていくのが性に合っていることにも気づけた。

このときできたヨーロッパ企画との縁は現在でも続いていて、上田誠さんには、その後かもめんたるの舞台の構成協力に入ってもらったり、最近では上田さんが作・演出の舞台にかもめんたるで出演していたりもする。つくづく、小島に感謝である。

また、この時期、TBSで始まったウッチャンナンチャンの内村さん司会の『内村とザワつく夜』という番組内で、コント風の再現VTRに呼んでもらえるようになり、槙尾の女装や、僕の変な男の演技などをお茶の間に披露する機会を得た。その番組の総合演出が、初期WAGE時代のメンバーで、のちにTBSの局員になった井手さんだったのだ。

少しずつだが、いろんなことがまわり始め、我々は売れない若手ではあるが、チャンスのすぐそばに位置取りできている実感はあった。

機運が高まる中で開催した単独ライブ『メマトイとユスリカ』は、『キングオブコント2013』予選の直前、7月に行われ、そこで生まれた「言葉売り」のコントが、かもめんたるの2年連続『キングオブコント』決勝への切符を与えてくれることになる。

親と相方がスポンサー

2013年、世間のお笑い熱は今と比べてだいぶ下火だった。

思えば、僕がお笑いを始めた2000年頃も『ボキャブラ天国』などのお笑いバブルが弾けた直後で、お笑い芸人になりたい人間はいっぱいいたが、お茶の間のお笑い需要は冷えていた。それでも、お笑い芸人を目指す若者たちは「自分たちだけは売れるんだ」と信じ、その門を叩く。

実際、ごくごく一部の、運も実力も兼ね備えたニューカマー芸人が世に出ていき、その背中にジェラシー交じりの尊敬の念を抱きつつ、まわりを見れば自分より先に売れるべき人が何人いるんだろうと絶望し、その現実から目を背けるようにネタを作り、お笑いライブに出るのがその他大勢の若手芸人の仕事となる。売れないのは当たり前、売れるのが異常、というのが若手芸人の常識だった。そして、稀にその中から世に羽ばたいていく芸人の背中を「あの人たちが先に売れてくれなきゃ嘘だもん」と、自分をなぐさめながら見送るのだ。

少しずつ盛り上がりを取り戻し始めていたお笑い界が、2007年頃から、『エンタの神様』や『爆笑レッドカーペット』などをきっかけにブームを起こし、そのブームも終わる数年後には、かつて僕が思っていた、自分より先に売れるべき人たちは、ほとんど売れていた。

そして再び、お笑い氷河期が始まった。とはいえ、まったく売れていない芸人にとっては、お笑いブームだろうが関係なく、ずっと不況なわけで、状況はそんなに変わらない。僕自身はお笑いを始めてから約15年間、ずっと不景気だった。

逆に、どんな時代でも、まっとうなお笑いライブにはいっぱいお客さんが集まっていて、そこには活気があった。かもめんたるとしては、先のお笑いブームに何とか乗っかりたいと思っていたが、間に合わず、しかたなく己を磨く時期に突入していた。

今のようにYou Tubeが当たり前にあればそこで発信したりしていたと思うが、我々にできることはネタを作ったり、ネットラジオでトークを配信するぐらいだった。そして、それは他の売れない若手芸人にとっても同じだった。つまり、みんなネタを必死で作り続けた。

お笑い氷河期時代のライブシーンという、世間から見たら日の当たらない場所で練り上げられたコントは、どれも禍々しいエネルギーを養分にしていた。そして、『キングオブコント』決勝の審査員は100人の芸人たち。マニアック×マニアック。狂った時代だったのかもしれない。だからこそ、我々が世に出ることができたのだろう。

僕はといえば、2012年に初めて『キングオブコント』の決勝に行くことができて、ようやく自分でも「売れない芸人」と名乗れるようになった。それまでは「売れない芸人」を名乗るのも憚られた。売れてないことは事実だが、芸人であると自称するのはおこがましい気がしていたのだ。「売れない芸人」でもない存在から、ようやく「売れない芸人」になれたことは自分の中では大きな一歩だったが、売れない芸人になれたところで、当然お金がなかった。

『キングオブコント』で3位になったことで、それまで月に数千円だったお笑いの稼ぎから、月に数万円のお金をもらえるようになった。

当時の岩崎家は、保育園の年長組になった長男と、2013年の5月に生まれた次男がいた。妻はパートに出て、僕もわずかながらポスティングのアルバイトをしていた。人と接することなく、音楽やラジオを聴きながらできるというのが自分の中で高ポイントの仕事だった。それでも、100人の大人がいたら100人が「お前もっと働けよ！」というぐらいしか働いていなかった。

なので、親からの援助もだいぶ受けていた。そのぶん、親を単独ライブに招待して、「こんだけお笑いに心血を注いでいるので……」と、必死にアピールした。母親からネタに口出しされることもあったが、スポンサーだから仕方がないと、一応耳を貸した。それほど、アルバイトをしたくなかったのだ。

それにプラスして、これは非常に助かったのだが、槙尾は当時普通にアルバイトをしていて、僕にネタ書き料としてバイト代の25％を払ってくれていた。これは、かもめんたるにとって少なくない好影響をもたらした。アルバイトの辛さ、お金のありがたさを骨身に染みてわかっていた僕は、「槙尾のためにも、最高のネタを書かなくては！」と頑張ることができたのだ。

ほとんどの芸人にとってネタを書くのは辛く面倒な作業である。もちろん僕にとってもそうだ。もともとネタをやりたくてこの世界に入ってきたはずなのに、不思議な話ではある。

ネタ作りというのは、孤独な作業だ。そのぶん、魔が差しそうになる隙間も多い。かもめんたるの場合は僕が100％考えていたので、「もう、これでいいや……」と、いつでもなれてしまうのである。ネタ作りが深夜に及んだときなど、「なんで俺ばっかり、こんなしんどい思いしなきゃいけないんだよ」と闇落ちしてしまいそうになるのが人情だ。

そんなある日、槙尾が「バイト代からいくらか出しますよ」と言ってくれたのだ。槙尾のいいところはケチじゃないところなのだ。この出資がなければ、かもめんたるが世に出るのは数年単位で遅れていたと思う。

これを機に、ネタ作り中の粘り強さが圧倒的に変わった。それまでネタを作っているとき、僕の脳裏に浮かんでくる槇尾の姿は、寝ているか、遊んでいるかしかなかったが、それが汗水垂らして働いている姿に変わった。心境としても、「お前だけ楽しやがって」から「俺も頑張ってるぜ！　相方！」に変わった。素晴らしい変化だ。

槇尾は現在、マキオカリーというカレー屋さんをやっているのだが、早く全国展開して、再び僕のスポンサーになってほしいものだ。

当時の僕には、親と槇尾というスポンサーがついていたわけだが、それは恐ろしい時限爆弾でもあることに気がついた。スポンサーはいつ「降りる」と言い出すかわからないのだ。遠くない未来、槇尾が「さすがにもうそろそろ結果出してもらっていいですか？」と詰め寄ってきたら……と想像すると吐き気がした。

お金を出してもらう側にはもらう側の気苦労があるのだ。そうならないためにも毎日のネタ作りは欠かさなかった。この頃培われたであろうネタ作りの体力は今も僕を助けてくれている。

再び夢の地へ

2013年8月、日付変わって31日。僕は人生で一番眠れない夜を迎えていた。それは『キングオブコント2013』の準決勝の前夜だった。

当時住んでいたアパートに僕は一人きりだった。5月には次男が生まれており、本来なら、妻と子供二人がいるアパート……そこに一人だったのには、理由があった。妻が盲腸炎で入院してしまっていたのだ。次男は妻のほうの実家へ、長男は僕のほうの実家へ預けられていた。すべて「う大は『キングオブコント』に集中！」という計らいからだった。ありがたいシフトを組んでもらいながら、それはそのままプレッシャーにもなっていた。ここで決勝に行けなかったら男が廃る。そんなことを考えると、ますます眠れなくなる。

仕方がないので、コントのセリフを反芻する。明日のネタは、直前の単独ライブで頭ひとつ抜けてウケた「言葉売り」だ。路上で自筆のポエムを売る青年。そこに現れる、最近宝くじで6億円を当てたマダム。青年は自称アーティストで、「僕の言葉は共感した人にしか買ってほしくない」と言いながら、手垢のついたような聞こえの良い言葉を色紙に書いて、得意顔で売っている。一方のマダムは、「よくわかんないけど、お金恵んであげたいだけだから」と、色紙をまとめ買いしようとする。そんな二人の平行線から始まるコントで、展開、ワード、キャラと全方位に強いネタ。さらに『キングオブコント』用に4分の尺に絞っても、その強度は落ちなかった。

マダムのモデルは僕の母親で、青年と口論になったときの怒濤の罵倒スタイルは、彼女の口喧嘩の作法そのままだ。かつて「ネタ番組でのネタ選びが悪い」と言われて口論になったとき、「あんたはね！やってること全部間違ってると思え！お前の言うことは聞かない！お前の言うことが正しかったら今頃とっくに売れてんだよ!!」と怒鳴られた記憶が蘇ってきて、自分事ながら気の毒すぎて笑えた。

でも、そんな経験のおかげで生まれたネタで、明日は勝負するのだ。2年連続で決勝を狙うのはプレッシャーだが、去年に比べたらチャンスとしては大きい。去年の状態で決勝に行けたのだから、今年は絶対に大丈夫だ。なんとか自分に言い聞かせ、眠りについた。

結果……かもめんたるは『キングオブコント2013』の決勝メンバーに残ることができた。なんとか一家の主としての面目は保たれた。

安堵したのも束の間、3位になってからこの1年、まだ笑いで飯を食えるという状態ではなかった我々にとって、目標は〝優勝〟だった。なんとしても今年は優勝だ。とはいえ、また夢のような1カ月が始まると思うと、うれしかった。

2013年の決勝メンバーをネタ披露順に紹介すると、うしろシティ、鬼ヶ島、かもめんたる、天竺鼠、アルコ&ピース、TKO、ジグザグジギー、さらば青春の光、となる。残念だったのは、1年間を通して、いろんなライブで共演し、親交を深めていた、しずるがいないことだった。決勝前にしずるの村上君は、僕とさらばの森田のために祝勝会を開き、「どっちか優勝してくれ！」と送り出してくれた。振り返るとまるで青春時代の思い出である。

決勝も2回目となると、だいぶ落ち着いて当日を迎えた。用意したネタは「言葉売り」と「白い靴下」のコントだった。「白い靴下」のコントは、何年も前の単独ライブでやったネタで、どちらかというと、キャラとワード押しの偏ったタイプのネタだった。昨年の失敗を踏まえ、今年は途中で槙尾が豹変する展開のネタはやらないことにした。

僕たちの前の出番は「あの3人のコントの後は焼け野原になる」と言われていた頃の鬼ヶ島さんだった。当時の『キングオブコント』の審査は、準決勝で敗退した100人の芸人によって行われていた。持ち点は一人10点。おそろしいのが、手前の組が披露したコントよりおもしろくないと判断されると、審査員は「1点マイナスにしよう」となるわけで、100人の芸人審査員が一斉にそれをすると、即座に100点の差がついてしまうのだ。狂気と爆発力のある鬼ヶ島さんの後で平凡なコントをしようものなら、すぐさま100点以上の差がついてしまうだろう。しかし、おそらく高得点であろう鬼ヶ島さんの後に、こっちはこっちでオリジナルの狂気と爆発をしっかり起こせば、同等の得点、さらにはもっと上も狙えるチャンスはあると見込んでいた。

実際、鬼ヶ島さんは2組目にもかかわらず、しっかり爆発し、904点という高得点を叩き出した。大会のボルテージは一気に上がるが、想定内なので、自分たちのコントに集中した。

一本目の「言葉売り」は悪くないウケで進んだ。やっぱり『キングオブコント』は自分にとってホームだ。そう暗示を掛けるように、ウケを存分に吸い込みながらリズムを作り、セリフを吐き出していく。高得点の後に、しっかりとウケをとって、このウケがどこまで伸びていくのかという緊張感が会場の空気に混じる。それをスパイスに神経を研ぎ澄ませ、オチのセリフまで焦らず、ゆっくりとやり切る。最後までウケきった。

熱い体のままダウンタウンさんの待つMC台に降りていく。この1年間で槙尾は結婚し、僕には次男が誕生した。松本さんが僕に「途中、志村さんに見えたわ」と言ってくれた。あぁ……。なんということだろう。松本さんが、去年は世界観を褒めてくれて、今年は「志村さんに見えたわ」と言ってくれた。

僕の人生に志村けんさんまで登場してしまった。興奮で「やります！　志村さん！」と、わけのわからない返しをしてしまったが、気持ちとしては「今後、再現ドラマとかあったら、若いときの志村さんを演じます！」という意味だった。

結果、「言葉売り」は923点を記録し、理想通りの展開となった。

1巡目では、TKOさんの、人形に魂が宿る「しゃべれるように……なたよー！」というフレーズが流行ったコントや、さらば青春の光の、工場で働くロックミュージシャンの青年のライブを観に行った職場の先輩が、翌日「あの〈夢も持たずに社会の歯車になるぐらいなら死んだほうがマシだ〉って歌詞。俺たちのこと、どう思ってる?」と問い質す名作コント「ロック」が披露されたが、なんと、かもめんたるがトップのまま折り返す結果となった。

背中を追われる形での2巡目が始まった。

偶然ウケているわけじゃない

『キングオブコント2013』決勝の2巡目が始まった。かもめんたるは首位で折り返している。出来すぎの流れだ。当然、首位で折り返すのはとても心臓に悪い。

実際、全然楽しい気持ちになれなかった。もちろん、優勝はしたい。一番の理想は、どの組も爆笑をかっさらって、最後に出て来たかもめんたるが、誰よりも爆笑を起こし、優勝する、という流れだが、それは心臓に悪すぎる。しかし、このまま全員の2本目がスベッて史上最低となった大会で優勝しても意味がない。心の底から願えていたかはわからないが、僕は「全組ウケろ！」と思いながら戦況を見守った。

テレビの生放送は、生放送とはいえ、わずかなラグがある。楽屋にあるテレビで天竺鼠のネタを観ながらセリフを合わせていると、このネタが素晴らしくおもしろかった。天竺鼠の持ち味であるシュールっぷりが突き抜けていて、芸人からの評価も絶対に高いと思わされるネタだった。「うわ、怖いな」と思った。爆笑が連続で起きていく。

得点発表の瞬間になった。テレビに得点が出る直前、地鳴りのような歓声がスタジオのほうから聞こえた。すごい点が出たに違いない。心臓が縮み上がる。

続いて、テレビに得点が出る。「946」という、おそろしく高い数字が映し出された。俄然盛り上がるスタジオ。やられたと思う一方、なんとなく自分を縛っていたものも吹っ切れたのを感じた。

そうだそうだ！　やるしかない！　乱打戦だ！　ぶつかり合って、高得点出しまくって、もつれた結果、誰が一番上に浮かび上がるかだ。

しかし、その後に登場したTKOさんは808点、さらば青春の光は847点と、天竺鼠を追い抜くことはできなかった。この点差はコントの出来以上のものがある。審査員は100人いる。飛び抜けたネタのあとの点は、一人ひとりが1点下げるだけで、結果として100点下がってしまうのだ。これが当時の『キングオブコント』のおそろしいところだった。

鬼ヶ島さんのネタが始まった。暫定1位の天竺鼠は、1本目が879点で、合計が1825点。鬼ヶ島さんは1本目が904点なので、921点より高い点を取れば、1位の座を奪うことができる。ただ、細かい点数など気にしてもしょうがない。舞台に上がった芸人にできることは、そのネタで搾り取れるだけの笑いを客席から搾り取ることだ。

舞台袖のモニターで鬼ヶ島さんのネタを観ていると、会場のウケがそのまま大音量で聞こえてくる。パネル1枚隔てた煌びやかなセットの裏側は薄暗く、意外と多くのスタッフさんが行き交っている。

自分がそこにいるのが不思議な気持ちになってくる。文字通り、テレビの裏側だ。芸人にならなければ見られない光景。もし大学を卒業してまで芸人になろうとしていなかったら、どんな気持ちで『キングオブコント』を観ていたのだろうか。きっと「俺だってもうちょっと本気で挑戦していたら……」と思っていたはずだ。当たり前だが、自分がとても幸せな環境にいることに気がついた。

鬼ヶ島さんのネタは相変わらずバカウケしている。爆笑の渦の中、演者である3人のボルテージも頂点に達しているようだ。頭の冷静な部分が「コントがめちゃくちゃウケているとき、演者もその波に乗って振り切っていくべきなのだろうか。未知の領域のテンションに突入するべきなのか。それとも、冷静に観客をコントロールするべきなのだろうか？　結果的に功を奏すのはどちらなんだ？」と、考え始める。正解は何なんだろう……。わからない。

とにかく、鬼ヶ島さんの熱いステージは爆笑のままオチを迎えた。どれだけ高い点が出ても関係ない。そう思いながら見た得点は、950点だった。めまいがした。この日の最高得点に、スタジオが割れんばかりの盛り上がりを見せる。僕たちの担当ディレクターは「うわ、マジか……」と呟き、「えーっと、何点取れば勝てるんだ⁇」と計算しようとするが、頭が働かないようで「あれ？　わかんなくなっちゃった」と、テンパりはじめた。槙尾はそんなディレクターさんに「何点ですか？」と厳しく詰め寄っていたが、僕は自分の代わりにテンパってくれているように思えて、逆に冷静になれた。何点取れば、とかじゃない。とにかく「白い靴下」のコントを最高の形でブチカマすだけだ。

そんな思いとは裏腹に、「鬼ヶ島さん、かもめんたるのぶんの笑いまで全部搾り取っちゃったんじゃないか？」という不安は拭えなかった。

CMに入る前に、舞台袖の僕らの姿がカメラに抜かれた。このとき、僕は笑っていた。パンチが効いているときほど強がりで笑ったりする、あれだ。さらに、緊張で体が強張らないようにするための、ストレッチ的な意味合いもあった。あとになって知るのだが、槙尾いわく、この「不気味な笑顔」を見て「う大さんが、まだイケるって思ってるなら、イケるかも！」と、気を持ち直したという。

『キングオブコント2013』最後のコンビとして、「かもめんたる」がステージに上がる。こんなに名誉なことはない。ステージに明かりが入り、袖から飛び出す。いまだ感じる鬼ヶ島さんの空気は、僕の不安が生んだ錯覚だろうか。わからない。

2巡目に披露した「白い靴下」は、あるオフィスに謎の男が「斎藤さんに『白い靴下あったら持ってくるように』って言われたんですけど……」と訪ねてきて、対応にあたった斎藤の上司が、その奇妙な

男に翻弄される、という不気味なコントだ。

「自分、斎藤さんの家来なんで」というツカミが思った以上にウケた。まだ笑いは残っていた！　その瞬間、俄然力が湧いてきた。こんなに最高の舞台でネタをやれるチャンスはそうそうない。忘れていた、今日はお祭りなんだ！

ネタはどんどんウケていくが、そのぶん、冷静にネタを運んでいく。適度なタイミングと適度な強さ。全部、体が憶えている。このネタは偶然ウケているわけじゃない。いくつものライブにかけて、磨きに磨いたネタなのだ。

僕が演じる斎藤の家来役の、人を苛立たせ、嗜虐的にさせるキャラクターが浸透していく。「先日も京都に行った際に、偉いお坊さんに腹を蹴られました」というセリフが爆発する。大好きなボケだ。中野でやった小さなお笑いライブの前に、何気なくパソコンに向かってふと思いついたボケが、大舞台でしっかり炸裂してくれた。

コントの神様に捧ぐ

『キングオブコント2013』決勝。かもめんたるの2本目のネタは順調にウケていた。

披露した「白い靴下」というコントは、「謎の男が斎藤という人間に頼まれ、白い靴下を斎藤の職場に届けに来る」ところからストーリーが始まる。斎藤の家来を名乗るその男は、白い靴下を渡すためだけに、千葉から新宿のオフィスまで来る健気ぶりを見せるが、対応に当たる上司からすると、その関係性の不健康さに気味の悪さを感じずにはいられない。人に用途不明の靴下を持ってこさせておきながら、すでに帰宅している斎藤への不信感と、目の前の男が醸し出す嗜虐性を刺激し続ける言動に当惑する上司。

物語の後半で、謎の男が紙袋から出す白い靴下は、足首のところにラインの入った、若干クリーム色っぽい靴下で、斎藤の上司から「お前さ、白い靴下って言われたら、いわゆる白い靴下持ってこないと、また怒られるぞ」と呆れられるシーンがある。この微妙に白くない靴下を持ってきてしまうところに、謎の男の「人をイラつかせる」キャラクターが集約されていて、それが具現化されたものが「微妙に白くない靴下」という気持ち悪いアイテムなのが自分でもお気に入り。かつ、大きくウケるボケでもあった。

ビジュアルとして存在する小道具でとる笑いは、笑いの幅も広げ、結果コント全体の評価を押し上げてくれるはずだった。しかし、そこに問題が生じた。前日のリハーサルで、普段使っている「微妙に白くない靴下」では、モニター越しの視聴者には普通の白に見えてしまう、という指摘が入ったのだ。ならば、別の靴下に替えなくてはいけない。

用意された「微妙に白くない靴下」たちは、理想より大袈裟に黄色かった。小道具さんは、濃度と色がちょっとずつ違う、「微妙に白くない靴下」を10パターンぐらい用意してくれていたが、現場で観ているプロの芸人たちからは「ちょっと、やりすぎだなぁ」と思われてしまう気がした。しかし、テレビの向こうの大勢を無視するわけにもいかない。「ギリギリこれならわかると思う」と渡された「微妙に白くない靴下」も、白というよりは黄色に近かった。暗雲が立ち込める。あまり面倒くさい奴だと思われたくはないが、妥協するわけにもいかない。打開策はないのか……。

ふと顔を上げると、明日の本番で使うステージが目の前にある。その年の『キングオブコント』のスポンサーはタウンワークで、セットは黄色が基調となっていた。「黄色いセットの中ならそんなに気にならないかなぁ」と思い、手に持っていた薄黄色い靴下を見た瞬間、「家の明かりで見たときはもっと白かったんですけどねぇ」と言い訳する、あの男の声が脳内に響いた。これだ……と思った。このセリフなら、あの男の性質にピッタリだし、黄色すぎることへのフォローにもなる。まわりのスタッフさんに相談すると、「いいですね！」と笑ってくれた。優勝するときって、こんなことが起きるのかな？というような素敵な展開だった。さっきまでのムードは一転し、いい空気でリハーサルが終わった。

翌日。本番でそのくだりに差しかかった。「家の明かりで見たときはもっと白かったんですけどねぇ」は、まるで魔法のようにウケた。このまま優勝するのかもしれない。そんな流れをうっすらと感じながら、最後までネタをやり切った。まったく悪くない出来だった。

ネタが終わり、ダウンタウンさんとのトークのために、ＭＣ台の前に立つ。悪くない空気が１００人の審査員として座る芸人たちの観覧席にも漂っているのがわかった。

「白い靴下」のラスト、斎藤本人からの電話で「謎の男が実は斎藤の奥さんのストーカーだった」ということが判明するが、すでに自分が教えた斎藤の住所に男は向かった後で、上司は青ざめる。直後に両腕を上げた男が「マァァァー!!」と叫びながら部屋に戻って来て、上司の絶叫とともに舞台が暗転する。極度がすぎるホラー展開と乱暴なオチは、会場によっては悲鳴で終わってしまうのだが、ここでは「最後のなんやねん!」的な笑いで受け入れられた。

真っすぐ見た目線の先に、しずるの村上君が座っていた。熱気冷めやらぬまわりとは違い、村上君は微動だにせず、僕の目を見ながら、静かに2回頷いてくれた。「やれることはやったよ」と、僕も言いたかった。

すぐに、鬼ヶ島さんと並んで結果発表を受けることになった。ステージに上がって来た3人は、当たり前だがいつもと変わらぬ3人で、それがうれしくてテンションが上がった僕は、「なんか僕ら2組がここで並ぶって不思議っすね!」と言っていた。どちらかが、この後、優勝するのだ。

かもめんたるの得点発表が始まる。1の位と10の位が発表になった。「82」点だった。ちょっと待ってくれ、と思った。100の位が9なら当然優勝だが、それはさすがに高すぎる。けれど、882点の手応えではなかったはずだ。100の位の数字が出る。

「9」だった。

優勝だ。

高得点に会場全体から拍手喝采が湧く。祝福の嵐だ。こんな日が自分の人生に訪れるなんて……。

マニアックだマニアックだと言われても、純粋におもしろいと思ってやっているのに「これはお笑いじゃないよ」と言われても、「実際、変なコントやってるからしょうがないや」と開き直る振りをして

いた。本当は悔しかった。孤独だった。それがやっと報われた。気づいたら、槙尾と二人抱き合っていた。「俺たちのコントが一番おもしろい！」と、勝ち名乗りをあげるのを夢見ていたはずなのに。到底そんな気持ちにはならなかった。僕はトロフィーを思い切り掲げた。その会場にいた、コントを愛する芸人たちを代表して、コントの神様に捧げるような気持ちだった。

人はトロフィーを掲げるとき、案外「これはみんなのものです」という気持ちなのかもしれない。現に、あのときの自分は、優勝もみんなのおかげだし、今年かもめんたるが披露した「言葉売り」と「白い靴下」のコントも、みんなのおかげで生まれたと感じていた。きれいごとでも何でもなく、これだけの数の芸人が切磋琢磨する、コントという表現の競い合いの中でしか、2つのコントは生まれてなかったはずだ。そう声を大にして叫びたかったのに、あのときの僕には、泣きながら「ありがとうございます!!」と繰り返すことしかできなかった。

劇団かもめんたる
2015始動

第6章　王座からどん底へ

夢を叶え、僕は不幸になっていた

かもめんたるは『キングオブコント2013』で王者に輝いた。大袈裟でなく、この世で一番ほしかったものが手に入ったのだ。

『キングオブコント』は一時の名声ではない。優勝すれば一気に人気者になって、単独ライブで全国をまわり、コントで磨いた演技力でドラマや映画にも出演して、派手に売れはしないかもしれないけれど、ゴールデンのネタ番組などには欠かせない存在になれる……はずだった。

しかし、そうはならなかったのだ。

この連載を書き続けながら、優勝後の話はどんなふうになっていくのか不安だった。できればここで連載を終えたいぐらいだが、それならば、そもそもこの連載は存在しなかったのだろう。これからが、なぜ人気天才芸人・岩崎う大ではなく、鬼才・岩崎う大が誕生してしまったかの物語なのだ。

もともと不安がないわけではなかった。『キングオブコント』の決勝では、途中から、このままでは優勝してしまう、という恐れにも似た感情があった。考えてみると、かもめんたるはコントを一生懸命作っていて、そこには明確な『キングオブコント』優勝というゴールがあった。優勝さえすれば、すべてがひっくり返ると思ってやってきたレースのゴール付近で、「いや、そんな約束はないのかもしれない」と気づいてしまったのだ。

世はトーク番組全盛の時代、ネタ番組はほとんど存在しなかった。とはいえ、そこで活躍する芸人も、みんな先のお笑いブームのときにネタで世に出てきた人たちだ。ネタもできて、トークもできるのが当たり前のマナーとなっていた。

『キングオブコント2013』決勝の生放送が終わり、各新聞社を前に優勝会見があった。たくさんの記者たちを前に、何を言えばいいのかわからなかった。真剣なコメントなのか、ふざけたコメントなのか。かつて、初めてお笑いライブのエンディングで、素の状態でお客さんの前に立たなくてはいけなかったときと同じ恐怖を感じた。「自分がこの人たちの前で価値のある言葉を吐ける気がしない」という恐怖だ。やばい。まったく違う競技が始まっているのを感じた。

取材の後、合流した打ち上げで、「うちらは来年頑張りますわ〜」と、さらば青春の光の森田が笑うのを見ながら、「俺と『キングオブコント』の日々は終わったんだ」と、すごく寂しい気持ちになった。

家に帰ると、妻が出迎えてくれた。優勝の瞬間は、ワイン持参で遊びに来た僕の母親と一緒に大声で応援しすぎて、普段穏やかな近所の主婦の方から「何時だと思ってるんですか?」と怒られたそうだ。「ああ、これからはこういうのもエピソードとして、おもしろく話せるようにしなきゃ」と思いながら話を聞いた。

短い睡眠時間を終えて、早朝の情報番組に出る。朝4時、アパートの前に用意されたハイヤーに乗り、まだ暗い高速道路の車中で「きっとうまくいく。ここから華やかな人生が始まるんだ」と、自分に言い聞かせた。

それから数カ月、優勝者特需ということで、たくさんの番組やイベントに出ることができた。映画の公開イベントや新商品の発表イベント、優勝すると縁起もの扱いでいろんな需要があるのだ。しかし、その都度、現場をうまく盛り上げられなかったことに対する罪悪感や自信喪失といったネガティブな感情が溜まっていくようになった。

当時の印象的な出来事を紹介したい。好きな映画をプレゼンする深夜番組で、「さすがにこれは自分のキャラ的に成功させせないといけない類いの仕事だ」と意気込んで収録に挑んだ。僕の前のプレゼンターが麒麟の川島さんだった。番組のスタイルとして、あらすじや個人的な推しポイントを挙げて、最後に「続きはぜひ映画をご覧ください」と終わる流れだった。川島さんのプレゼンはそれは見事で、さらにボリュームも僕が想定していた倍以上あり、次が自分の番だと思うと逃げ出したかった。

よせばいいのに、尺を伸ばすため、準備してきた以外の部分もしゃべったことにより、本筋への戻り方もわからなくなり、途中で「ちょっと待ってください……」と話を止めるしかなくなった。正直、この「ちょっと待ってください……」で笑いが起これればいいと思っていたのだが、まわりの芸人さんから「大丈夫だよ」と本当に心配されてしまい、それにより「今そんなにヤバい状況なんだ⁉」とパニックに陥り、いよいよ続行不能になってしまった。

その少し前に、学生時代からの先輩で、TBSのディレクターでもある井手さんから「トーク番組もネタと同じように準備していけば、ぅ大なら大丈夫だよ」とアドバイスをもらい、腑に落ちたつもりだったが、「自分が苦手とする分野には正しい準備すら組めないのではないか？」と、おそれるようになってしまった。実際、今でもトーク番組などでは、いくらシミュレーションしようとしても、勉強ができない子供のように「難しくて無理！」となってしまう。

もう少し自分たちのキャラクターにあった企画に巡り会えればなんとかなるかもしれないのに……と思いながら、呼ばれる先々で不発を繰り返す日々。これが自分が目指してきたお笑い芸人の生活なのだろうか。優勝前は夢があったが、その夢を叶えた先は、理想郷ではなく、僕は不幸になっていた。

そもそも僕が槙尾と二人で、バラエティ番組で活躍するというビジョンなんて持てていなかったのだ。

目の前のコントをおもしろくすることにこだわった6年間は、実は芸人として怠けていたのだ、と言われても返す言葉がない。努力の仕方がわからなかった。バラエティ番組に出演しながら、「苦手だ、場違いだ」と暗い表情をしている芸人が、奇跡的におもしろく映ってくれやしないかと、勝つ見込みのない賭けをしに賭場に出ているような状態だった。

2014年、年明け一発目の仕事が、タカアンドトシさん司会の『フットンダ』という大喜利的な番組で、生放送中に全国の視聴者が優勝を期待する芸人に投票するシステムがあった。僕への投票数は、槙尾にすら負けてのビリ。これはマズい。かもめんたるの大喜利担当は僕なのに……ここで僕が槙尾に負けるってことは、なにより「かもめんたる」という存在が世の中にまったく浸透していないという証拠だった。

優勝後の手応えのない日々の答えが、無情な現実としてそこにあった。結果、賭場に呼ばれることもなくなっていった。

こんなはずじゃなかった……。

ただ沈んでいくだけ

2014年の2月、単独ライブ『下品なクチバシ』を開催した。『キングオブコント2013』で優勝してから半年もたっていなかったが、かもめんたるを取り巻く環境の温度から「キャパを増やす必要はなさそうだ」と、悲しいジャッジを下した。これでチケットが即完売してくれれば、「じゃあ次はもっと広いところでやろう!」となるはずだったが、チケットはギリギリまで完売しなかった。たとえテレビで人気が出なくても、優勝したら単独ライブは人気コンテンツになるものだと思い込んでいた。この世界は『キングオブコント』で優勝するだけじゃダメなのか?

テレビに呼ばれる頻度も目に見えて減っている。ようやくお笑いで飯が食えるようになったと思ったのに……。一度手に入ったものが消えていく。優勝前には味わったことのない種類の恐怖に怯えた。コントで日本一になる夢を叶えても、お笑い芸人として歩んでいくことができないかもしれないなんて。

時系列は少し前後するが、年が明けてすぐに、バラエティ番組のロケで全国をまわる大規模な企画に出演することが決まった。チャレンジ系の企画で、3週間ほど日本全国を巡る。その前に、当時のマネージャーから「この企画でハネなければ、事務所もかもめんたるを前の扱いに戻す考えなので、そのつもりで頑張ってください!」というメールが来た。

「ああ、ハッパをかけてくれてるんだなぁ。申し訳ない」という気持ちと、「うるせえよ」という両方の感情があったが、むしろ「役者とか新たな道を探してくれよ! 今までダメだったんだから、そのロケでもハネられるわけねえだろ!」と、腹が立つほうが強かった。

テレビに呼ばれなくなるという恐怖があるものの、実はとくに出たいバラエティ番組もなかった。売れていないせいで、バラエティ番組から目を背ける生活が長すぎたせいか、興味がなくなってしまっていた。ダウンタウンさんは大好きだが、ダウンタウンさんの番組に出たいかと問われたら、「迷惑かけたくないので、観てるほうがいいです」と答えただろう。

ネタ番組でコントはやりたかったが、トーク主体のバラエティ番組は苦手すぎて、かつてステーキハウスでの接客バイト中に感じた「ここは自分がいるべき世界じゃない」という、悟りに近い感覚を憶えていた。自分には、ここで活躍するための運動神経や向上心、ひっくるめてセンスがないんだろうと思ってしまった。そのセンスのなさは隣にいる槙尾も同じで、ただ、槙尾の場合はそのことに無自覚な様子だった。ここで槙尾も「もうテレビ無理っすね」という感覚だったら、その後のコンビの関係はもう少し良好だっただろう。

たまに呼ばれるバラエティ番組で、摑みたい藁すらどこにあるかわからず、静かに溺れていた。溺れることで目立つのも嫌なので、本当にただ静かに沈んでいくだけだった。

槙尾の女装が少しフィーチャーされたこともあったが、そのときの振る舞いも難しかった。ガチガチに女装した槙尾の隣で、MCの方から「こんな相方どうなの?」と振られる。正直な気持ちとしては、「かもめんたるにおいて、槙尾の女装って一番らしくない部分だと思ってます。でも、バラエティ番組においては雑魚二人なので、ほかに切れるカードもないし。自分が招いた結果です。結果の女装です。かといって、女装している槙尾を、嫌かと聞かれると、普段の槙尾より明るくていいんじゃないですか？　でも、やっぱり女装がフィーチャーされるのは、終わりの始まりな気がして、悲しいです」という感じだった。長すぎる。

求められていた僕のスタンスは「相方が女装なんて最悪ですよ！」というシンプルなものだったはずだ。でも僕は「そこまで嫌ではないです」と、ただ本当のことを低いトーンで言っていた。もうこの世界から去るしかないと思っていた。

２０１４年の夏、我々は演劇界のレジェンド集団、劇団ナイロン１００℃の公演に客演として出ることになっていた。『キングオブコント』優勝前に、主宰のケラリーノ・サンドロヴィッチさんからオファーをいただいたからだ。その現場に参加している間は惨めな状況を忘れられたが、かつての仲間たちが『キングオブコント』の予選で一喜一憂している様子を遠巻きに見るのは寂しくもあった。

公演期間中に『キングオブコント２０１４』の決勝があり、トロフィーを返還しに行った。テレビの象徴のようなＴＢＳの立派な本社を見上げて、情けない気持ちになる。１年前、トロフィーの返還に来たときのバイきんぐさんはしっかり売れていた。そして今夜ついに、かもめんたるは王者でもなくなる。全国生放送に出る機会なんて、これが最後かもしれない。

番組が始まる直前、セットの裏でダウンタウンの松本さんから「自分ら今年出えへんかったん？」と聞かれ、「出るのありなんですかね⁇」と聞き返すと、「全然ありやろ」と答えてくれた。もう一度『キングオブコント』に出るなんて……ありなのか。瞬時にいばらの道のイメージが浮かぶ。

生放送が始まり、かもめんたるが登場すると、「自分ら、あんまり見んなぁ」というダウンタウンさんからのイジリがあった。おもしろい返しもできずに、「緊張しすぎて死にそうだ〜！」と言って心臓を押さえる動きをして、松本さんから「おもしろくない〜」というコメントをいただいた。かつては「なかなかいい世界観でしたね」「志村さんに見えたわ」と、お褒めの言葉をいただいたそのステージで、最新の僕は「おもしろくないい〜」を頂戴していた。

もう、どこまで流れていってもいいと思った。生放送中、僕はスベり続けた。「○○すぎて死にそうだ～」を地獄のようにカブせ、槙尾がキンキン声でツッコみ、コンビでスベりまくった。思えばこの1年間、怖くてスベることすらできなかった。

今夜は違う。王として、最初で最後のご乱心とばかりにスベりまくった。この日だけは決してスベることができないファイナリストたちの代わりに、スベりまくればいいんだ。それを見て、みんながリラックスできたらいい……。かもめんたるは終わった。たくさんの人がそう確信した夜になった。不思議と後悔はなかった。ようやく地に、いや、底に足がついた気がした。

「う大よぉ。お前、自分で劇団やったら？」と、目の前のカンニング竹山さんが言う。

2015年の春のことだった。「劇団結成」。36歳の僕にとって、それはあまりにも億劫なミッションだった。

劇団かもめたる誕生

2015年が明け、かもめんたるは第16回単独ライブ『抜旗根生～ある兄弟の物語～』を行う。いろんなコントを挟みながら、ライブ全体を通して、とあるサーカスで育った中年兄弟を描いた作品で、個人的にはとても好きなライブとなった。しかし、お笑いというジャンルの中の、とても狭い分野を担当している感は否めなかった。『キングオブコント2013』で優勝したのに、お笑いのフェアウェイには乗っていない自覚があった。

2015年4月、カンニング竹山さんの誕生日会でのこと。「う大よぉ。お前、自分で劇団やったら?」と、目の前の竹山さんが僕に言う。その1カ月前に、まったく同じことを僕に言った男がいた。小島よしおだ。所属するサンミュージックの二大売れっ子芸人が同じことを言っている。

正直な話、劇団なんてまったくやりたくなかった。単独ライブはよりマニアックな方向に進んではいたが、それはテレビにハマれなかった自分が「お笑い芸人」でいられる居場所を確立するためで、劇団結成は逆に「お笑い芸人」から離れてしまう動きに思えた。他の業種の人からしたら、お笑い芸人と劇団というのは近いジャンルにあると思うかもしれないが、実際は全然違うし、接点もほぼない。ただ、テレビの人気者二人が「劇団を結成しろ」と忠告してくるということは、やはり僕にはテレビは無理なのだ。けれど、言われた通り「劇団をやろう」と思っても、心がまったく興奮してくれない。「俺は何のために『キングオブコント』で優勝したんだ!」と叫びたくなったが、すべては己の不徳の致すところなのも重々承知していた。

その頃のかもめんたるは、『キングオブコント』の王座も明け渡し、仕事もきれいに減り、かなり暇を持て余していた。僕は優勝賞金を頭金にして、中野に中古物件を購入、マイホームの掃除に明け暮れていた。「なんだ、この余生みたいな日々は？」と思いつつ、「このままじゃすぐにアルバイトをしないといけなくなるぞ」と危機感を抱いていた。とにかく動いてみようと思った。

劇団を始めるには、何から始めたらいいのだろう？　よく考えたら、竹山さんも小島も劇団はやっていない。二人はどういう勝算があって、僕に劇団をすすめたのだろうか？

しかし、この二人から劇団結成をすすめられたということで、事務所からの許可はすぐに得られた。仮に自分たち発信で、「優勝したけどテレビがダメだったから、演劇やりたいです」という流れだったら、事務所から呆れられていただろうし、それ以前に、僕のプライドが邪魔をして言い出せなかったはずだ。「竹山さんと小島に言われちゃったんで……」というのは魔法のカードだった。

とりあえず、「劇団かもめんたる」の旗揚げ公演を数カ月後の夏にやることに決めた。槙尾も劇団結成に異論はなく、メンバーは僕と槙尾、ゲストとして数名の役者さんに出てもらうかたちで公演をやることにした。

2年前、一緒に三人芝居をやった劇団ヨーロッパ企画の石田剛太さんに再び声をかけ、残りのメンバーをオーディションで選ぶことにした。すると、なんと200通を超える応募があった。中には、昨年かもめんたるも出演した劇団ナイロン100℃の若手女優さんもいれば、かもめんたるを好きだと言う人、そして、かもめんたるをまったく知らないであろう人まで、様々だった。

初めて、人を選ぶ立場になった。せっかくなら、僕だからこそ選ぶ奇天烈なメンバーで作品を作りたい。その選んだメンバーの起こす化学反応はきっとおもしろいものになる。それが可能なのだと気付くと、急にワクワクした。

こうして、慌ただしく転がり出した劇団かもめんたるの第1回公演は、夏にやるということで「セミが殻を脱いだ」と「セミヌード」をかけて、『Semi-nuida!』というタイトルに決まり、話をあとから作っていった。

出来上がったのは、スパイダーマン的なノリだが、クモではなくセミのヒーローの話。悪を倒すヒーローはたくさんいるのに、悪がとっくに撲滅された世界では、宿敵のいないヒーローたちによるバトルが国民的な人気スポーツとなっている。引退間際のベテランヒーローのセミは、連敗中で、クラブの設備もオンボロ。そんな平和に慣れ切った世界に突然、本物の悪が現れる……というお話。

総勢9名が出演する長編（約100分）のお話となると、コントにはないプロットという設計図が必須となる。例えば、お話の途中で何か秘密が明かされる場合、事前に終えてなきゃいけないやりとり、登場人物の心情紹介など、順番が変わることによって、その秘密の衝撃度が変わったりするので、「あーでもない、こうでもない」と、いろいろブロックを組みかえたりする必要がある。長編を作るのはとても面倒くさいのだ。

エンタメの最も根幹的な部分は「伝える」ことだ。作品を通して何かを観客に伝える。そのためにはまず、伝えるサイドの意思の疎通が肝心で、コントだったら、相方である槙尾に伝えて、二人で演じて、お客さんに伝える。一方の演劇は、お客さんに伝える前に、意思の疎通をしなければいけない演者の数も、その内容量も圧倒的に多いうえに、音楽や照明や衣装など、いろんな分野が関わってくる。人に何かを齟齬なく伝えるというのはとても難しく、やはりとても面倒くさい。

しかし、その費やした「面倒くさい」を肥やしに芽が出て、やがて花が咲き、一気に咲き乱れる表現

の破壊力たるや、「演劇ってすげえ……」と素直に唸ってしまう。お客さんにしたって、膨大な量の情報を咀嚼するのは面倒なはずだが、そのぶん最後に胸に訪れる感情は凄まじいのだ。

『Semi-nuida!』の公演を通して、コントよりも複雑な世界を演劇に感じた僕は、「ああ、これはおもしろいわ」と思えた。大人数×長編ということで、今までにない笑いへのアプローチも可能だし、これまで笑いの起こし方にこだわっていたように、感動のさせ方にオリジナリティを追求するのもおもしろそうだ。コントで優勝した先のテレビに居場所はなかったけれど、劇団で優勝した先にならあるかもしれない。

新たな章の幕開けを感じつつも、「劇団で優勝」というのがどういう状態なのか？　そこへのルートも何もわからない状態ではあった。

ちなみに、この年、2015年のはじめに公演を行った、かもめんたるの単独ライブ『抜旗根生～ある兄弟の物語～』は、3年後に『根の張る方へ』と改題し、僕と槙尾を含めた劇団かもめんたるの団員7名で公演することになる。

再びの挑戦

演劇という魅力的なフィールドを見つけはしたが、劇団活動で飯を食っていけるわけではない。また、テレビから見限られたコンビとしても、次に打つ手は見つけられなかった。

僕は生活のため、『キングオブコント2013』優勝後、2年もたたないうちに、そのころ知り合ったクリエイターの方の事務所でアルバイト的に働かせてもらうことになった。がっつりお笑いではないが、お笑いで培ってきた能力が活かせるバイトができるのも『キングオブコント』優勝のおかげなのだから、やっぱり優勝はしておいてよかったと思えた。

その職場に、あるお笑いコンビがリポーターとして訪問したことがあった。事前に職場内で「岩崎さんがいるとややこしくなるから、その間だけ別室にいてください」という流れがあり、別室から漏れてくる芸人の声を聞きながら「俺ってかなり悲しい存在かもな……」と思った。

時間は少しだけ戻るのだが、劇団かもめんたるの初公演を行った2015年は、さらば青春の光・ラブレターズ・かもめんたるという3組のユニット「円山スクランブルエッグス」で公演を行ったり、『キングオブコント』への再挑戦も始めた。

2014年の『キングオブコント』にトロフィーを返還しにいった際、ダウンタウンの松本さんから「出たらよかったのに」と言われたことと、大きなネタ番組に呼ばれない現状も「『キングオブコント』2回優勝」という実績があれば打破できると目論んだからだ。

大会史上初の優勝経験コンビが再度挑戦することになった『キングオブコント2015』の準決勝。

それは劇団かもめんたる第1回公演を終えた夏の終わりで、次にコンビで呼ばれて出演する演劇公演の稽古期間中の挑戦だった。出番を終え、悪くない手応えに「キングの再度挑戦という話題性もあるし、おそらく受かっただろう」と安心していた。

しかし、結果は敗退。ついに『キングオブコント』からもそっぽを向かれた。「俺たちが出ても盛り上がらないっていうことか……」と、嫌でも感じ取ってしまうメッセージに卒倒しそうになった。ああ、神様、そんなに僕に現実を突きつけないでください……と祈りたい気持ちだった。

ただ、この『キングオブコント2015』への挑戦は、夢を失い、宙ぶらりんになっていた僕と槙尾に新たな目標を示してくれた。劇団かもめんたるを人気劇団にするのは、どちらかというと作・演出を務める僕にとっての目標で、コンビとしては再び『キングオブコント』王者への道を目指す。どちらも厳しい道だが、モチベーションの湧かない日々の苦しさに耐えるよりはよっぽどマシだったし、コンビの仲も、同じ目標に向かうという点で再び結びつきを取り戻した。

『キングオブコント』優勝後のバラエティ番組での連敗の日々は、明らかに二人の間に溝を生んだ。槙尾からは「なんでこの人はもっとテレビで頑張ろうとしないんだ?」という空気を感じていた。

一方、僕としては「どうにもならない壁の高さを感じてしまったのだからしょうがない。むしろ、なぜそこが共有できないんだ? それに、そんなにテレビに出たいなら、もっと何か試したり、俺にこうしようとか相談すればいいのに……」と思っていた。お互い見ている方向が違うと感じながら、当時の僕には、それを修正する気力もなく、そんなことは起きるはずもないのに、槙尾から「もうテレビは無理ですね！　かもめんたるの良さをまた世間に認めてもらえるように頑張りましょう！」と言ってもらうことを望んでいた。

すべてを流れに任せた結果、たどり着いた先が「『キングオブコント』と劇団かもめんたるを頑張ろう」という地点だったのだから、結局、自分が望んだ通りになったとも言える。

2016年のはじめ、かもめんたる単独ライブ『なのに、ハードボイルド』で、少し風変わりなネタが生まれた。それは、遠距離恋愛中の女性が、恋人と電話しているシーンから始まる。彼女が「そりゃ会えたらうれしいけど、電話だけでもうれしいよ」とのろけていると、電話相手の彼氏が部屋に現れる。いわゆるサプライズなどではなく、女性はパニックになりながら、電話口に「どういうこと⁇　いやいや、『サプライズだよ』じゃなくて！　え？　念？　念なのこれ⁇」と叫び、目の前に無言で立つ彼氏の〝念〟に目を凝らす……というツカミから始まるネタだ。

彼女を演じる槙尾と、彼氏の〝念〟を演じる僕、さらに、電話の向こうに実物の彼氏がいるという錯覚を観客に覚えてもらえたら、またとないコント体験になるに違いない。このネタなら、かもめんたるを再び決勝に連れていってくれるかもしれない。

このコントに辿り着いたのは、核となる〝念〟のアイデアがスタートではなかった。劇団ヨーロッパ企画の主催するイベントに呼ばれて京都に行った際、コンテンポラリーダンスを披露するグループがいて、ダンスで求愛をする男を僕がやったらおもしろいと思ったのがきっかけだった。

ダンスの必然性が肝心だと思えた。例えば、分厚いガラスの向こうにいる異性に求愛するためにダンスをしているとか。いや、もっとバカバカしく病んだ発想がほしい……そうやってぐちゃぐちゃと設定をこねくり回し、辿り着いたのが「遠距離恋愛中の彼氏が念を飛ばしてくる」という設定だった。

この「念」というネタのおかげで、かもめんたるは『キングオブコント2016』の決勝10組に選ばれた。久々に舞い降りた景気のいい話だった。もうひとつのネタも満足のいく形に仕上がっていたので、

「まずい。これはまた優勝しちゃうぞ！」という予感があった。そうすれば、今抱えている悩みもきっと解決する。

しかし、大きな落とし穴があった。『キングオブコント』名物だった芸人100人による審査は、2015年に撤廃され、客席は若い女性の観客でひしめいていた。それは『エンタの神様』などの収録現場の空気と変わらなかった。

コント中の恐怖表現は、バカバカしいというより、そのまま恐怖として受け取られ、悲鳴が湧く空間で翼をもがれたかもめんたるは、5位で大会を終えた。客席の反応が渋ければ、点が入らないのは当然だ。

生放送終わり、TBSの楽屋で僕は長い溜め息をついた。かもめんたるはもうダメかもしれない。

実はその頃、僕たちの関係は限界ギリギリだった。再びの優勝がそれを繋ぎ留め、復活させてくれることを期待していたのに。

かもめんたる史上最悪の夜

『キングオブコント2016』で5位に終わった僕は途方に暮れていた。再びキングに返り咲けば、コンビの抱える問題も消えてなくなる……そう思っていたのに。

三度目の決勝の地は、かつて100人の芸人が審査員だった頃のマニアックなコントの宴の場ではなく、より広く大衆を巻き込んだ者が勝つ、フェアな大会へと健康的な成長を遂げていた。

我々が披露した「念」のコントは、手前味噌だが、画期的なコントだった。今でも千原ジュニアさんや、放送作家の高須光聖さんに褒めてもらえるネタだ。しかし、それをやっても、優勝を争うことは無理だったのだ。『キングオブコント』での優勝は、純粋に好きなものを貫いた先にあるゴールではなくなっていた。これを機に、コントの芸風も、もう少しポップにリニューアルするのはどうか？など前向きになることはできなかった。僕たちは、いや、少なくとも僕は、かもめんたるに対して、もうそんなことをするエネルギーが持てなくなっていた。

もし、かもめんたるが二人でネタを考えたり、槙尾が少しでもネタ作りに参加するコンビだったら、二人でまた優勝を目指してイチから頑張ろうとなっていたかもしれない。

いや、それはやっぱり絵空事だろう。自分の性格上、そのスタイルはうまくいかなかったはずだ。人間が二人で潜ることができる深さと、一人だから潜れる深さは違うと思う。

僕はとことんまで誰にも気を遣わずに、どこまでも自由に潜っていきたい。だから槙尾がネタ作りに参加しないことは、むしろありがたい。「一人より二人のほうがもっと深く潜れるし、もっと高く飛べるよ！」と言う人には「うらやましいです！」と言うしかないのだが。僕はやっぱり一人で考えるのが好きな人間で、かもめんたるは、僕が深いところから引き揚げた未知のそれを、二人で表現するというコンビなのだ。

ネタを作るときは、やはり相方の姿を想像する。その頃の僕は、あまり槙尾のことを頭に想像したくないというモードになってしまっていた。WAGEのメンバーの中では一番気が合っていたし、もともとは仲のいいコンビだったのに。悲しい現実だった。

発端を遡れば、『キングオブコント2013』優勝後の、テレビでの不振からくる、お互いへの不満からだったと思う。槙尾は「なぜここで頑張らないの？　う大さん！」というフラストレーションを持っていただろうし、僕はそれに対し「なぜ俺と同じ方向を見ない？」という苛立ちがあった。あの頃の僕が病んでいたように、槙尾も病んでいたのだと思う。

槙尾は次第にマネージャーさんともぶつかるようになった。マネージャーさんは僕らより少し上の世代の人で、業界的にも先輩である。そんなマネージャーと揉めるのはよくないと、槙尾に忠告したこともある。槙尾は「コンビのためによかれと思ったことを言っている」というようなことを言うので、「コンビのことを思うなら揉めないほうがいいだろ？」と言い返した。このとき、すでに二人の仲は悪いので、空気は相当険悪だ。そして事件は起きる。

2016年の夏（『キングオブコント』予選期間中）、槙尾とマネージャーが大喧嘩をしたのだ。僕はその場におらず、翌日「お台場冒険王」というイベントの途中で、マネージャーに僕だけ隣の控室に呼び出され、「申し訳ないけど、もう、かもめんたるのマネージャーを降りる」と言われた。衝撃だった。

その少し前、劇団かもめんたるの第2回公演『ゴーヤの門』が行われ、それが好評だったので、「これから劇団、頑張るかぁ」と言ってくれたマネージャーだった。「ちょっと待ってくださいよ！　一緒に劇団を大きくするって約束したじゃないですか！」と、柄にもなく熱いことを言ったが、マネージャーの決意は固く、「じゃあ劇団は変わらず手伝うから」という形に収められてしまった。けれど、「マネージャーが担当を降りるとまで言ってるんだよ」と諭せば、槙尾も「そんなつもりはなかった」と、謝罪したがると思った。そこまで話のわからない奴じゃない。

その日は地方営業の前乗りで、ホテルに泊まることになっていた。もうすぐホテルに着くというタクシーの後部座席で、マネージャーが担当を辞めたいと言っている旨を槙尾に伝えた。すると槙尾は、片方の口角を透明の糸で吊ったように引き上げて「ラッキー」と呟いた。自分の書くコントにも登場しない最悪のキャラクターを見た。あんなに醜い「ラッキー」を見たのは初めてだった。

さらに最悪なことに、その日はそのモンスターと相部屋だった。当然、我々は部屋でがっつり口論になった。「あの『ラッキー』発言はないだろ！」と怒る僕に対して、槙尾は「だってラッキーでしょ！マネージャーが代われば、もっと仕事入って収入増えるんだから！」と言う。一番聞きたくない返しだった。「そういう思考回路での『ラッキー』だったんだ？」とは思ったが、サイコパステストの答え合わせをしたかったわけではない。昔はこんな奴ではなかった。仕事がなさすぎて病んでしまったに違いない。しかし、それを優しく受け止める余裕は僕にはなかった。

槙尾は「そもそも、俺はマネージャーに無茶苦茶言われてんですよ！　聞いてください！」と言って、テープレコーダーを出してきた。嘘だろ？　相方は、口論を盗聴していたのだ。「あぁ、俺まだ引けるんだ」という驚きがあった。ラッキー発言と、それに付随する発言で、もう十分、引いていたつもりだったのに。

「ごめん、聞きたくないや」と言ったが、槙尾は無視して録音した音声を再生した。たしかにひどいことも言われていたが、槙尾も明らかに煽っていた。テープレコーダー忍ばせて煽っちゃダメだろ……。マジでかもめんたるのコントの住人じゃないか。

かもめんたる史上、最悪の夜だった。どこかで、腹を割って話せば、また昔みたいに仲良くなれると思っていたのが、全然違う結果になった。

この夜の衝撃が強すぎて、その後、どう仲直りしたか憶えていないが、後日二人でマネージャーに謝罪に行った。槙尾が謝罪をすれば、マネージャーも謝罪をして、とりあえず喧嘩の前の状態には戻れると思い込んでいた僕が愚かだった。槙尾は素直に謝罪しないし、マネージャーの態度も悪かった。そこで嫁姑問題を解決できないダメ夫のように苦笑いをする僕。

これが『キングオブコント2016』決勝の1カ月半前。こんなチームが優勝できるわけなどなかったのだ。

そこにもう愛はなかった

お笑いコンビと夫婦の関係性は似ている。お金（仕事）がなくても愛があればそれなりに幸せだし、愛がなくてもお金（仕事）があれば乗り越えられてしまう。両方がなくなれば、二人を繋ぎ留めるものはなくなってしまう。それでも、子はかすがいと言うように、かもめんたるにとって、コントはかすがいになっていたのだろう。コンビが消滅したら、今まで世に放ってきたコントも、これから生み出されるはずだったコントもなくなってしまうと思うと、やはりそれは惜しく、逆に言うと、コントだけが二人の僅かな希望でもあった。

『キングオブコント２０１７』準決勝、前人未到の「再優勝」のために、２年連続の決勝進出を狙う、かもめんたる。この年から準決勝では2本ネタを披露するルールになっていた。初日に披露したコント「偽りの性癖」は、半グレっぽい若社長と、その舎弟が登場し、舎弟の「女性の足を洗うのが好き」という変わった性癖を、若社長がおもしろがって、いろんな飲み会に連れて行っては紹介していたが、実はその性癖が真っ赤な嘘だったというカミングアウトから始まるネタだ。

ショックを受けた若社長が、各所に謝罪の電話を入れていくバカバカしいコントで、電話の相手は「それ、そんな気にすることか？」という態度なのに、若社長は「決してあっちゃいけないことです」と譲らない。２０１７年の2月に行った、かもめんたるの単独ライブ『ノーアラームの眠り』で披露した最新のコントで、僕が演じる若社長も槙尾の舎弟もボケ役で、ツッコミ不在のまま、芝居で笑いを取っていくスタイルだ。

当日のウケも良かったが、一カ所だけ反応が薄いところがあった。その他の部分がよかったぶん、それが非常に悔やまれた。

コントの中盤、槙尾がドスの効いた「すいません！」を発するはずのところを、突然、謎に高音の「スイマセンッ！」を出してきたのだ。普段は大きくウケるそのセリフが、イマイチの反応となった。そこまでの流れがよかったので、槙尾なりに「スイマセンッ！」とファニーな音を出せば、よりウケると思ったのだろう。僕はそれが、ものすごくイヤだった。浅はかな選択に腹が立った。そこは懸命で必死な「すいません！」であるべきなのに、観客に媚びにいった「スイマセンッ！」の音は、結局、観客にも求められていなかったのだ。

すぐに裏で槙尾にそのことを指摘すると、不服そうな態度だった。「欲かいちゃいました！」と認めてくれたら、まだ許せたかもしれないのに、「全体的にウケたんだからいいじゃないですか？」という態度にムカムカが収まらなかった。

しかしその翌日。槙尾が「録音を聞いたら、たしかにあそこ高かったです」と、表情は不服そうだが、謝罪してくれた。合格すれば笑い話だ。

気を取り直して挑んだ2日目。選んだのは「学芸会」というコント。小学生の息子の学芸会のために、演劇人の父親が熱血演技指導をするという、ベタなコントだ。昨年、決勝へ上がったときに、こういうコントのほうが絶対ウケると思ってのチョイスだった。結果、「学芸会」は順調にウケたが、決定的な手応えには至らず。決勝には進めなかった。

肩を落とし、会場から去ろうとする僕に、『キングオブコント』のプロデューサーが「かもめんたるは本当に惜しかった。それだけ伝えたくて」と話しかけてくれた。うれしい半面、「そんなに惜しかったのか」と、その不運を嘆いた。

槙尾のミスさえなければ……いや、そんなことは本当にお互い様だし、言いっこなしだ。ただ、我々はお笑いコンビだ。不合格だって笑い話にできる。ウケて調子に乗り、自我を出し、媚びた高さの声で「スイマセンッ！」と発してスベッた相方を笑いにしたかった。誰が何と言おうと、それがコンビの間にある愛だ。槙尾のせいで落ちたというミニコントをやりたかった。笑ってチャラになると信じていた。

数日後、当時やっていたメルマガのラジオで、準決勝を二人で振り返った……結果、めちゃくちゃ険悪な空気になってしまった。「たしかにあそこ高かったです」と、謝罪したときの槙尾を期待していたのに、彼はそれをイジらせてはくれなかった。理解できなかった。失敗は誰にでもある。ただ、それをイジらせないのは違うだろ！　だって俺たちの職業は⁉　本気で腹が立った。

僕のイジり方が下手だったのかもしれないし、槙尾は準決勝敗退の傷心から立ち直れていなかったのかもしれない。ただただタイミングが悪かったのかもしれない。とにかく、今までは、何とか修復できていた柱が折れてしまう音が聞こえた気がした。そして、折れてしまったことにも、もうそれでいいとしか思えなかった。そこに愛はなかった。

ほどなくして、僕は槙尾に「かもめんたるの活動も続けるけど、しばらくはそれぞれ個人の活動をメインに頑張ろう」と宣言した。かもめんたるの存在を守るためには、それしかないと思ったのだ。愛はなくても、未練なのか理性なのか、何かとても僅かなものが解散を踏みとどまらせた。

ただ、このままでは、浮かばれない現状をお互いのせいにしてしまう。僕の言葉は槙尾に響かないし、逆もしかり。その状態がいいはずはなかった。二人が別々で行動し、いろんな体験を通じて、それぞれ自分に足りないもの、相方に助けられていた部分を知る必要があると思った。

僕からの一方的な宣言を受けて、槙尾が「だったら解散したいです」と言うのなら、それも運命だと思ってはいたが、そうはならなかった。夫婦で言ったら別居状態になったわけで、ある種の解放感があった。これからは、何があっても自分だけの責任だ。

別居状態になり、かもめんたるの単独ライブは開催されなくなった。代わりに、劇団かもめんたるの公演を年2回に増やした。公演のペースを早めたことで、前回の反省点を活かしたり、前回からの成長を意識した創作をするようになった結果、表現もどんどん演劇的なものになっていった。

漫画も本格的に描き始めた。絵は下手だが、キャラクターの表情を描いていく作業は演出家の仕事にも似ているし、逆に、演劇で演出するときに、1枚の絵をイメージして登場人物を配置していく楽しさを知ったのもこの頃だ。脚本家、演出家、役者、漫画家と、新しい肩書が増えるたびに、すべての表現がお互いに相乗効果をもたらし、表現者としての自分がムキムキになっていくのを感じた。

第7章　「鬼才」と呼ばれて

人生の歯車は再び噛み合うのか？

相方・槙尾と不仲になったことで、僕は個人の活動に力を入れることになり、お芝居、脚本、漫画など、他ジャンルに活動の場を求めた。

コンビである以上、こうなったのも双方の責任で、お互い等しく落ち度があるのなら、この結果も人生の数ページと捉えて進むしかない。今、自分たちは溺れているのだ。仮にも、物語を創る人間だ。そんなシーンが人生という物語に必要なのもわかる。

とはいえ、これは現実の世界なわけで、コンビのハッピーエンドは存在せず、そのまま離れ離れになるかもしれない。それでも、年老いて「あのときは夢を見せてくれて、ありがとう」と笑い合える日が来るのなら、それも人生だ。冷たく聞こえるかもしれないが、あの頃の僕は「このままじゃ二人とも溺れ死んでしまう。かもめんたるで浮上するのは無理だ」と、悲しい確信を持っていた。

２０１８年は、コンビの単独ライブをやらない代わりに、劇団かもめんたるで『尾も白くなる冬』『市民プールにピラニアが出た!!』『根の張る方へ』と、3作品を上演した。

この頃から演劇に対する「照れ」のようなものがなくなり、純粋に表現したいことを表現するようになっていた。笑わせたいし、泣かせたい。その手法は、本質的であり、斬新でありたかった。

第4回公演『尾も白くなる冬』は、廃れた温泉街を舞台に、その土地がかつて名を馳せる要因となったＵＭＡ騒動とその余波を、ある一家の悲しい秘密を通して描いた話で、僕が舞台上で泣くシーンもあったりと、重厚さを狙った作品だった。この作品を観て、俳優の八嶋智人さんが「劇団かもめんたるに俺も出たい！」と言ってくれて、1年半後に実現した。

夏の第5回公演『市民プールにピラニアが出た!!』では、東京03の飯塚さんがアフタートークに登場してくれて、「かもめんたるが劇団を始めたときは、正直『逃げた』と思ったけど、そうじゃなかったんだね。めちゃくちゃおもしろかった」と激賞してくれた。劇団公演5回目にして、この道は間違ってなかったんだと、しみじみと思えた出来事だった。

また、この公演の別日でアフタートークのゲストだった麒麟の川島さんが「来週の『王様のブランチ』で、オススメ漫画として『マイデリケートゾーン』を紹介する」と言ってくれて、僕が「よっしゃあ！　これで売れるぞ!!」と叫ぶ一幕があった。

『マイデリケートゾーン』とは、僕が1年間かけて描いたエログロギャグヒューマン漫画で、10タイトルが収められた単行本だ。それが夏に発売されたばかりだった。そもそも八嶋智人さんが劇団かもめんたるに興味を持ってくれたのも、ウェブ連載時の『マイデリケートゾーン』を読んでくれたのがきっかけだった。

きっともう少しで、人生の歯車が再び噛み合い始める……そんな予感を感じさせてくれるアツい夏だった。

そして、夏の終わりには大勝負『キングオブコント2018』がある。不仲とはいえ、このときばかりはコンビで力を合わせて予選を戦った。優勝すれば、漫画もきっと大売れするだろう。出版社もそれを見込んだうえで、この時期に単行本を発売した。

5年前の優勝では芸人としてのポジションを確立できなかったが、サバイブするために、演出家や漫画家などの肩書が増えた。今度の優勝では浮つくことなく、今の地盤が底上げされ、高度な仕事に繋がっていくのだろう。きっと神様はそんな筋書きを僕の人生に用意してくれていたのだ。一生、何かをクリエイトしながら生きていく覚悟はできている。

準決勝は2日間あり、初日に披露した「バルーンアーティスト・ペルの受難」というネタは痛快にウケた。路上でニコニコとバルーンアートをしているペルという青年が、実は普段クレーマーで、その被害に遭った元コンビニ店員が、バルーンを吹き矢で割るという、個人的に大好きなコントだ。ただ、ネタの尺が長すぎて、それまで『キングオブコント』の予選には持っていってなかった。

それが、2018年のルール変更により、ネタ尺が4分から5分に延びたことで、披露することが可能になったわけだ。ストーリー性を重視するかもめんたるには追い風となるルール変更に、神の采配を感じずにはいられなかった。

そんなこともあり、予選2日目を前にして「今年はいける」と確信した。というのも、2日目にやる予定だった「フードファイターとその嫁」というコントは、爆笑必至ネタに仕上がっていたからだ。

断食で胃を空にして大食いをするという、科学的根拠ゼロの戦法でフードファイトに挑む夫とその妻の、歪な愛の物語だ。妻にだけ異常に高圧的なこの無名フードファイターは、フードファイト前日、腹痛に悩まされ、献身的な妻は「無理しちゃいかんよ」と夫をサポートする。5分間、ボケとツッコミからなる笑いはなく、ただただ二人が辿り着いてしまった環境と、その中にあるコミュニケーションを、観客が自分の中の常識をガイドに楽しむコントだ。散々偉そうなことを言っていた夫が「俺やっぱり明日休みたい……」と言うと、妻は「休もう、休もう！」と全力で肯定する。暗転していく照明の中、夫の「……おにぎり、握って」というセリフでコントは終わる。観客は「ダメだ、コイツ～」と思いながらも、どこかで「人間だなぁ」と、夫婦の持つ業を自分の中にも感じながら、大きく笑ってくれる。

劇団活動を経たことで辿り着いた表現、そして、このタイミングでのネタ尺のルール改定。『キングオブコント』が、いや、時代が、かもめんたるを求めている……そう感じた。

しかし、結果は……全然ウケず。楽屋で「話が違うじゃん……」と、うろたえていると、ランジャタイの伊藤が興奮した様子でやって来て、「マジで、おもしろかったです」と言ってくれた。間違ってはいなかったはずなんだ。だけど、やはり落選だった。

漫画『マイデリケートゾーン』も、業界内ではちょっとした評判になったが、売れなかった。神はいずこへ？　自分の才能は呪われているのかもしれないと思った。

神様は僕の人生をどんな物語にするつもりなのか。おもしろい人間は必ず売れると言われるこの世界で、この呪われた才能をどう咲かせてくれるのか？　そこに興味があった。

『キングオブコント2018』の直後に上演した劇団かもめんたるの公演タイトルは『根の張る方へ』。導かれるままに進んでやろうと僕は決意した。

お笑いのど真ん中じゃなくとも……

2018年10月、劇団かもめんたる第6回公演『根の張る方へ』が本多劇場で行われた。演劇の聖地・本多劇場に辿り着いたと言えば聞こえはいいが、公演はたったの1日で、出演者は僕と槙尾を含む劇団員7名だけのものだった。

内容は、コンビの単独ライブ『抜旗根生』の表題作だった「サーカス小屋に拾われた兄弟のコント」をもとに、演劇作品としてフルに書き直したものだ。前回の公演が夏に終わったことを考えると、なかなかに無茶なスケジュールだったが、劇団員は全員出航したばかりの船乗りのように、気合いに満ちていた。というのも、翌年に八嶋智人さんが劇団かもめんたるに出演してくれることが決定しており、どんどん規模が大きくなる予感がある中で、劇団員だけでの本多劇場。さらに、サーカスという劇団と似た境遇のストーリーに、全員自然と熱が入っていた。

それでも、夏に本公演を終えたばかりで、もとの素材はあったとはいえ、この日のためだけに1時間半分の台本を書き、1カ月の稽古をするのは夢に眩んだこの頃だからこそできた芸当だったと思う。アドレナリンまみれの公演は大成功に終わった。

頑張れば、いいことがある。11月から年末にかけての撮影で、テレビ大阪制作の『面白南極料理人』という深夜ドラマのレギュラーに僕が抜擢されたのだ。主役の浜野謙太さん、マキタスポーツさん、元ビシバシステムの緋田康人さん、田中要次さんなど、コメディを得意とする役者さんが名を連ね、これから役者としても頑張りたい自分にとっては、うれしくもあるが正念場ともいえる現場だった。このドラマは南極越冬隊の話で、基地のセットが組まれた練馬区の大泉にある東映の撮影所に、中野の自宅から自転車で通った。

思っていた通りの刺激的な現場で、役者さんの〝役を離さず〟に笑いを創っていく、その握力というか、体幹を役に残したまま笑いを創る様子には、とても感銘を受けた。

12月には『M－1グランプリ2018』の決勝があり、霜降り明星が優勝した。翌早朝、ドラマ撮影の支度部屋で、マキタスポーツさんとその話になった。「M－1って毎年レベル上がってますよねぇ」などと言いながら、お笑いの現場を少し遠くに感じて寂しくなったのを憶えている。このときは、かもめんたるが数年後に本気で『M－1グランプリ』に挑戦するなんて、夢にも思っていなかった。

2019年4月からは、NHKラジオ第一で『東京03の好きにさせるかッ！』という番組がレギュラー放送されることになり、コント作家のチームに入れてもらうことになった。番組冒頭で、東京03さんとゲストが送る10分の音声コントを書くのだ。僕のターンは月に1回あるかないかではあったが、アンガールズの田中さん、サンドウィッチマンのお二人、バカリズムさんなどと東京03さんが共演するコントを考えるのは至極光栄で、「なんらかの第一線を張ってるぞ俺！」と自負できた。

また、その頃、東京のコントといえばこの人、と言っても過言ではない、放送作家のオークラさんとお仕事をさせてもらう機会があった。『ビジネスフィッシュ』というアニメの脚本チームに呼んでもらったのだ。オークラさんからはその後も、2020年に始まった『東京03 in UNDERDOGS』というBSフジの番組にも作家として呼んでもらったり、現在も作家業、演者業問わず、絶え間なくお世話になっている。

ただ、ドラマ『面白南極料理人』がきっかけで役者業にも一気に火がつけば、と目論んでいたが、そうはならなかった。とはいえ、収入的には、書く仕事と表に出る仕事を合わせれば家族を養えるようにはなっていたし、自分が歩む前方にはきっと何かがあるはずだと期待していた。

そして5月。劇団かもめんたる第7回公演『宇宙人はクラゲが嫌い』では、いよいよ八嶋智人さんというビッグゲストを迎える。テレビで観ていた有名俳優を自分の劇団に招き、主要な役を演じてもらうわけだ。「とてつもないチャンスだ！」と浮かれていたのが嘘のように、いざ台本を書こうとすると、「どんな本を書けば、八嶋さん、および八嶋さんを観に来る観客を喜ばせられるんだよ！」と、筆がまったく進まない。

しかし、ふと「っていうか、八嶋さんを自由に使える機会なんて一生に一度あるかないかだぞ！」「八嶋さんを『あっぱれチビメガネ！』とかって呼んだりもできるってことか」と、妄想を膨らませることで突破口が見え、無事に台本ができた。稽古や本番を通じて、八嶋さんからは「もっともっと作品の細部まで、う大くんの思っている通りに表現していい」というアドバイスをもらった。演劇に対する「照れ」は克服していたつもりだったが、さらに踏み込んでいく必要があるということを学んだ。

この年の『キングオブコント２０１９』では、かもめんたるは準決勝に上がる前に敗退した。完全にお呼びじゃないという空気に、時代の移り変わりを感じずにはいられなかった。第7世代という言葉がフレッシュな頃だった。芸人はアスリートと違い、体力的な限界の前に、お客さんや時代から引導を渡されるのかもしれない。実際、この年の準決勝に上がれなかった僕らと同世代のコンビは多かった。

そのときの心境を綴った文章を投稿サイトのｎｏｔｅに上げると、思った以上に反響があった。そこで、『キングオブコント２０１９』決勝の寸評を書いて載せてみると、これがさらに反響があって、どんな仕事よりも収益が良かった。「俺に求められていたのはこれだったのか……」と、初めて仕事で労

力以上の見返りを得たことに驚いた。

正直、お笑いの批評はやりたいことではない。野暮な行為だと言われたら「たしかに」と思う。しかし、お笑いが好きで、人生を捧げているのに、ここまで見返りがないのなら、関わり方が間違っているのだろう。カッコつけている場合じゃない。家族がいる身だ。そもそも演劇を始めたのもそういうことだ。

お笑いのど真ん中がテレビのバラエティ番組だとしたら、そこから外れて、ドラマやＣＭの笑いを担当してもいいし、小説や漫画といったジャンルで理想の笑いをやってもいい。目指すは「笑いの伝道師」だと、真面目に思った。

２０１９年の終わりは、劇団かもめんたる第8回公演『ＧＯＯＤ ＰＥＴＳ ＦＯＲ ＴＨＥ ＧＯＤ』を行った。八嶋さんとのセッションを経て、初の公演。テーマは「生と死」。がっつり演劇だ。そしてこの作品が新たな扉を開いてくれることになる……。

岸田國士戯曲賞と僕

2020年2月のこと。演劇界の芥川賞とも言われている、第64回岸田國士戯曲賞の最終候補に、劇団かもめんたる第8回公演『GOOD PETS FOR THE GOD』の上演台本がノミネートされた。毎年8作品が最終にノミネートされるので、お笑いの賞レースでいうと決勝に残ったようなものだ。

初めて主催の白水社の方から「岸田國士戯曲賞に応募してみませんか？」という旨の連絡がきたのがその2年前で、「チャンスがきた！」と舞い上がったのも束の間、すぐにはノミネートに至らず、長い道のりになると腹を括っていた。戯曲賞なのでジャンルは問われず、社会性のあるシリアスな作品、アート的な作品、笑って泣けるコメディなど、何でもあるわけで、その幅の広さはコントどころではない。そして、審査はあくまで読みものとしての評価なのだ。「読んでもよくわからなかったけど、実際に観たらおもしろかった」では駄目なのだ。お笑い要素の濃い喜劇の台本は、読み応えがあるわけではないし、肝心のおもしろさも、字だけでどこまで伝わるか心細い。なので、苦戦すると思っていたのだが、意外と早く最終ノミネートに選出された。

『GOOD PETS FOR THE GOD』という作品は、200年後に地球が隕石の衝突で消滅すると知った人類が終活を始め、そこから何代目かの子孫たちが迎える、地球最後の7日間の物語。ハイテクマンションの廃墟を住居に自給自足で暮らし、最後の日を「神からのお迎えの日」として、皆で死ぬことを幸福だと信じている人々を描いた。

劇中で「終わり世代」と呼ばれる彼らは、子供をつくらないよう同性愛を推奨され、仲睦まじく暮らしていたが、冷凍睡眠に入ったまま忘れられ、数百年の眠りから最悪のタイミングで目を覚ましてしまった男が集落にやって来たことにより、変化に晒される。さらに、家出していた少女が妊娠して戻ってきたり、もはや彼らが幸せに最期を迎えるのは難しい状況になっていく。「死ぬのは怖くない」と教育されてきた「終わり世代」が、最期に「もっと生きたい！」と、心の内を叫び出す展開は、書きながら胸が痛んだ。

しかし、ラストは隕石が逸れて、地球は救われる……そんなオチをそれまでの自分だったら用意していたと思う。でも、そんなご都合主義的な流れを最後に持ってくるのは、この物語への冒瀆だと感じられた。結局、隕石が地球にぶつかる描写で物語を締めくくった。

すごい作品になった……と、自分でも思った。突き抜けた感じがした。そして、岸田國士戯曲賞の最終ノミネートにも選出された。しかし、受賞には至らなかった。

劇団で残念会を開き、「また来年だ」と前向きにいたが、その1カ月後、世界は新型コロナウイルスによって一変してしまう。知り合いの公演がどんどん中止になっていく。3月の終わりに夏季東京オリンピックの延期が発表となった時点で、7月に決まっていた劇団かもめんたるの次回公演も不可能だろうと諦めた。

とはいえ、奇跡に備え、準備は進めなくてはいけない。なんとなく人のつながりみたいなものが書きたくて、『君とならどんな夕暮れも怖くない』というタイトルに決めた。

いつものことながら、タイトルを決めてから話を考えていく。疫病によって、人と人とのコミュニケーションが断絶されていく中、人間の生活を助けるヒューマノイドたちに与えられる権限がどんどん大きくなり、結果、人類がいつしか絶滅寸前のマイノリティに追いやられてしまっている世界の話にした。新型コロナウイルスのせいで、オンラインでの会議が一気に広まり、新しいテクノロジーはこういう悲しいタイミングで市民権を得るのだと、妙に納得したのがきっかけだった。

もうひとつ、ブラック・ライブズ・マター運動が注目を集めた時期でもあり、差別というシリアスなテーマに、僕なりに手を出してみた。これは岸田國士戯曲賞を狙いにいったところがある。社会的なテーマを扱うほうが「戯曲としての読み応えが上がるはず」と見込んでのことだった。

最初はマイノリティで立場も弱かったヒューマノイドたちがどんどん進化し、巧妙に人間に取って代わってしまっている世界。そんな最先端のヒューマノイドたちが闊歩する世界で、旧型のお手伝いヒューマノイドと慎ましく暮らす中年男。二人の関係は、旧時代的で差別的だと批判の対象になってしまう。しかし、その差別を声高に叫ぶ完璧な連中にもまた、差別的なエネルギーはつきまとう。社会のどんなステージにも差別は存在し、それは突き詰めていくと、「生きたい」と願う生命体の本能の陰として、どうしたって存在する。ならば、どの差別が最悪かを決めるのは時代の価値観であり、絶対などない、ということを描いたつもりだ。

ただ、それらをひっくるめて描いた最大のテーマは「人間愛」だった。前作『GOOD PETS FOR THE GOD』でも人間愛がテーマだったし、コントでも何でも、僕の創作の根底にあるのは人間愛で、いくら人間を不様に醜悪に描くことがあっても、それは変わらない。まともな人間も、歪な人間も、照らして陰もろとも表現したいのだ。

2020年7月、第9回公演『君とならどんな夕暮れも怖くない』は無事に上演され、第65回岸田國士戯曲賞の最終にもノミネート。2年連続の選出に、僕の中ではあわせて一本とったぐらいの気持ちでいた。

それがいけなかったのか、再び落選した。ただ僕は「もういいや」という気持ちだった。正直、あの2作品は、自分の実力以上の作品を世に放ったという自負があった。単なる独りよがりでもいい。結局「できたのか、できていないか」は、自分の心が一番わかっている。とにかく、もう賞のことは意識しないで作品を創っていこうと思ったのは事実で、結局、翌年からはノミネートもされなくなったのもまた事実だ。

でも、2年連続で最終候補に残ったおかげで、自分の執筆力にもたしかな自信がついたし、脚本の依頼も増えた。現在に続く、お笑いの審査員としての仕事は、noteでの賞レース評論と、岸田國士戯曲賞への最終ノミネートのおかげだと思っている。審査員業の発端となったテレビ朝日『しくじり先生 俺みたいになるな!!』の企画「キングオブう大」（僕が一人で審査員長を務めるコントの大会）が始まったのも2020年の秋だった。久しぶりにテレビで自分に脚光が当たった瞬間だった。

「キングオブう大」と『M－1グランプリ』

テレビ朝日の番組『しくじり先生 俺みたいになるな!!』の企画として「キングオブう大」というコーナーが始まったのが、2020年のことだった。その年の『キングオブコント』の準決勝で敗退したうちの5組が参加し、僕が一人審査員として採点、コメントしていくという企画で、noteでの『キングオブコント』講評が話題になった結果だった。

準決勝で敗退したとはいえ、参加者は実力者ばかり。蓋を開けたら、予想よりも緊張感のある空気で、そういう緊張感はバラエティのアゲアゲな空気よりは得意なので、ひるむことなく自分のペースで進むことができた。もちろん、オードリーの若林さんを筆頭に、『しくじり先生』レギュラーメンバーの方々が、そのバラエティ離れした空気感をおもしろがって盛り立ててくれたおかげである。

この「キングオブう大」がきっかけで、noteを読んでくれる人も大幅に増えたし、僕に審査員キャラがついた。審査員キャラなんて、現役でお笑いをやるうえで邪魔になるという見方もあると思うが、長年キャラのなかった人間としてはうれしかったし、審査員キャラという謎の武器を活かせたらおもしろいはずだと、今も思っている。現在は、非常に由緒ある『ABCお笑いグランプリ』の審査員までやらせていただけるようになったが、それもみんな「キングオブう大」が始まりだ。

また、人様のネタにああだこうだ言う以上、これからもコントを頑張ってやっていこうという決意も生まれた。笑いの神様との約束というか、世間や他の芸人から「あいつ審査員のくせに、このレベルなんだ?」という逆審査を受ける可能性はあるが、自分のネタの理想を追い続けようと誓った。

そんな頃、テレビ朝日の『お笑い二刀流道場』という深夜番組の、コント師に漫才を披露させるという企画で、かもめんたるに漫才をやってほしいというオファーがあった。10年以上前、かもめんたるで漫才に挑戦した結果、「コントに専念しよう」という僕の中では英断を下して以来、漫才は観て楽しむものという固定観念があった。

『キングオブコント2013』優勝後、バラエティ番組にハマれず迷走していた頃も、「演劇をやれ」という助言はもらっても、「漫才をやれ」とは誰からも言われなかった。それぐらい、かもめんたるの漫才には誰も期待していなかった。たまに槙尾から「漫才やりませんか?」という提案はあったが、それはかもめんたるのコントを漫才に落とし込んだものだった。そんなネタならコントでやればいい。僕はかもめんたると漫才に接点はないと思い込んでいた。

ただ、そのときのオファーはタイミングがよかった。これはもう運命としか言いようがないかもしれない。ちょうど劇団かもめんたるの公演中だったのだ。『HOT』という作品で、ラサール石井さんをゲストに迎えた公演。僕の役柄は、政府の人間で、屁理屈正論織り交ぜながら他人を激ヅメしていく「面倒くさいヤツ」だった。発言に妙な説得力があり、そいつと関わると、人はみな、ある種の被害者になったり、加害者に仕立て上げられるが、そいつには確固たる芯があり、それは愛とも呼べてしまいそうな……そんな厄介な人間。

そのキャラクターを演じながら、僕はすごくやりやすいと感じていた。言葉がスラスラ出てくるのだ。積極的に認めたくはないが、そのキャラには自分という人間と共鳴しているところが大いにあったのだろう。

そこで僕が、このキャラクターとして舞台に上がって、センターマイクの前で謎の持論を展開させ、槙尾をツッコミとしてではなく、被害者として横に立たせたら、コントとはまったく違う、しゃべくり漫才ができるのではないかと閃いたのだ。これは我々かもめんたるにとって、不可欠で革命的なアイデアだった。

まず、漫才をやるときは、岩崎う大本人としてセンターマイクの前に立たなければいけないと思っていて、そこにバラエティ番組に呼ばれたときのような苦手意識を持っていたが、それを自分に似てはいるが別人のキャラクターを演じることで解消することができた。さらに、ツッコミという職人的な技術がいるポジションを被害者という役割に変えることで、槙尾も得意な演技で乗り切れるのではないかと考えた。あとは、究極の会話劇を作ればいい。

この作戦がうまくハマった。『お笑い二刀流道場』で披露したのは、「古本屋に本を売りに来ていた息子の友達の母親が、全部買い取り不可になっていたのを目撃したときの正しいリアクションは？」という漫才だった。正しいリアクションを求めて、ああだこうだ言い続けるネタで、僕の偏屈で面倒くさい面を押し出した漫才は、予想以上にウケた。

オンエア翌日には、知り合いのディレクターさんから「M－1の挑戦権がまだあるなら絶対に挑戦したほうがいい。決勝行けると思う」という、うれしい連絡をもらった。

『M－1グランプリ』の出場資格はコンビ歴15年以内なので、かもめんたるに残されたチャンスはあと2年、2回の挑戦が可能だった。槙尾に連絡してみると、「出たい」というので、「じゃあ出よっか」となった。失うものは何もない。マネージャーからの許可もあっさりと下りた。『キングオブコント』に優勝して、劇団結成を経て、今さら漫才に挑戦するのだから、人生はおもしろい。

すぐに漫才のネタを量産した。「イルカは優しい、サメと共存してるもん。人間は自分とそっくりな

魚類がいたら絶対に絶滅させてる」というネタや、「え？　人類ってもう新しいスポーツつくらないの？」という会話から人類滅亡の話題に発展するネタ、「DVDのこと円盤って呼んだことある？　もしあったら俺の相方は無理だから」など差別を扱ったネタをつくった。2年しかないので、5年後に花開くスタイルをやっても意味がない。得意なことだけをやると決めていた。

ラストイヤーで決勝に上がるのが目標だったので、２０２１年の目標は準決勝進出だった。なんとしても準決勝の雰囲気を肌で感じておきたかった。漫才でライブに出るようになり、かもめんたるの漫才も浸透していき、形もどんどん定まっていったが、「これがかもめんたるの漫才だ！」と言えるほどの手応えはなかった。

1年間の集大成とばかりに披露した準々決勝での「円盤」の漫才は、小爆発は起こしたが、準決勝に進むことはできなかった。こうしてかもめんたるは、さっそくM－1ラストイヤーに突入した。

かもめんたるのM－1ラストイヤー

2023年、かもめんたるの『M－1グランプリ』ラストイヤーが始まった。

しかし、この1年、漫才に賭けるぞ……とはならなかった。漫才への攻略を、自分に近い変人キャラクターを演じ、槙尾にツッコミという より被害者役をやらせ、マイクの前で完璧な会話劇を演じる、という形に見つけたまではいいが、肝心の「完璧な会話劇」を作るのが難しかった。当たり前の話だ。テーマと展開、最低でもその二つがひらめけばよいのだが、それが難しい。経験上、そういうネタは前触れなく生まれるが、狙ってもなかなか出ない。

毎年『キングオブコント』に挑戦していた頃は、予選で負けたらすぐ次の年に向けてスタートを切っていたが、そういうモチベーションにはなれなかった。やっぱり漫才は難しい、というのが正直な感想で、M－1決勝なんて夢のまた夢なのだと冷静になって、漫才のネタ作りも、ライブに出るのもストップしてしまった。

単純に日々の忙しさもあった。お笑い芸人、脚本家、役者、その他イレギュラーな仕事をいろいろ合わせると、常に稼働している状態だった。

また、その夏は僕が作・演出をするパルコ・プロデュースの演劇公演『スルメが丘は花の匂い』が控えていた。主演の吉岡里帆さんが不思議な世界に迷い込み、七転八倒の物語を繰り広げる物語だ。ストーリーを紹介しよう。空前のソフトボールブームのせいで、好きでもないのに草ソフトボールに参加していた主人公が、ボールを取りに行って迷い込んだ世界は、いろんな童話が生まれる世界だった。

しゃべるヒキガエルがいたり、尻から金を出す男の子がいたり、そこに生きる人々は、シンデレラや浦島太郎に憧れながら、何らかの物語の一部になることを最高の喜びとして生活している。そんな世界で主人公が出会った心優しい少女は、「スルメ姫」というマイナーなお話のヒロインになる予定の娘だった……。

村の期待を背負わされた娘の持つ前時代的な苦悩と、主人公の抱える他愛もない悩みを対比させたりしながら、互いの成長を描き、結局どんな時代も愛がすべてと謳った……つもりの作品だ。この作品の仕上がり次第では、今後の演劇人生が大きく変わると思い、全身全霊をかけて、稽古から本番と駆け抜けた。

あっという間に秋になっていた。M－1ラストイヤー、残りわずか……。

慌てて漫才のネタを作り、ライブに出て試し始めた。すっかり演劇に染まっていたわりには、お笑いの脳も冴えていたようで、この時期にひとつのネタが生まれた。僕が槙尾に「僕、実は、素人のやるモノマネを定期的に見ないと、ウウウッてなってくる衝動があるんですよ」と、謎の告白をして、定期的にモノマネを見せてくれる関係のおじさんがいることを打ち明けるところから始まる漫才だ。

僕は槙尾に「そういう衝動というか、欲求があるのよ。排泄に近い」、「その人から『たまにはモノマネがない日もつくってほしい』とは言われてる」、「まぁ電車で20分ぐらいのところに住んでるから、部屋に行ったら必ずモノマネは見たいのよ。もちろんそれだけが目的じゃないよ」と進めていく。

モノマネを見せてくれるおじさんとの話なのだが、まるでセックスフレンドとの話のように聞こえてくるネタだ。ただ、その発想がメインとなるネタではない。単なる会話のトレースネタになってはおもしろくない。その設定だからこその生々しい会話を広げていく。それは僕の得意なところで、かもめんたるで表現するべきことだ。

一番好きなくだりは、僕が「その日はおじさんが『お腹が痛い』って言うから、『じゃあ、今日はモノマネなしにしよう。そういう日にしよう！』って言ったのよ。でも、だんだん、やっぱりそういう気分になってきて、冗談ぽくね、『お腹が痛いときの福山雅治でもいいよ』って言ったの」と言うところだ。性欲の悲しさと、モノマネの切なさがうまく絡まって、自分で言うのもなんだが、生々しさを理想的な形で笑いに落とし込めたと思う。

正直、ネタ作り初期の段階に「あ、これはホームランかも」という手応えがあった。下ネタになりすぎるのは避けながら、モノマネおじさんと僕の欲にまみれたモノマネだけの汚れた関係を、バカバカしく、しかし生々しく描いて爆笑を起こせたらいい。それは人間の愚かさを笑って昇華させる、「人間愛」という僕のテーマにも繋がっているはずだ。演劇でも、漫才でも、テーマは愛。時に壮大に、時にくだらなく。

このネタをいろんなライブでブラッシュアップしていく。『M－1グランプリ』の予選も進み、準々決勝の前日。我々が所属するサンミュージックのメンバーが多数出演する漫才ライブがあった。小さいライブハウスだったが、「モノマネ」のネタは、そのぶん高い濃度で盛り上がり、先輩芸人のエルシャラカーニの清和さんから「まさに、かもめんたるの漫才やな」と太鼓判をもらった。

そして、ルミネtheよしもとで行われた準々決勝。前年はここで負けたのだ。是が非でも超えたい。カラオケ館で練習してから臨むスタイルは、『キングオブコント』に挑戦していた時代からの習わしだ。ウケるイメージしかなかったし、単純に大きな舞台でこのネタがどんな反応を得られるのか、興味があった。メンタル的にも上々のコンディションだ。

かもめんたるの出番が始まった。ネタの全貌が明らかになると、会場に笑いが波のように広がっていった。どんどん大きくなる笑いが、お客さんも僕らもネタの世界へのみ込んでいく。客席から「狂った世界をもっとくれ」というような期待がヒシヒシと伝わってくる。望むところだ。かもめんたるらしい漫才は、満員の観客に笑ってもらえたことで完成したように思えた。

後日、発表された結果は、合格。最後の関門に進むことができた。本当は準決勝へは別のネタで挑むつもりだったのだが、「モノマネ」の評価が予想外によかったので、準決勝もさらにブラッシュアップしたこのネタでいこうと決めた。

『キングオブコント2013』優勝後、不遇の時代、コンビではなく個人での活動に力を入れる時代を経て、かもめんたるが『M-1グランプリ』決勝の門の前に立つことになった。人生の大一番に間違いない。これまでの苦労が一発で報われてしまう勝負に挑むのは何度目のことだろう。ドキドキ高鳴る胸の鼓動は、二人の未来を知る由もなかった。

ラストイヤーの大喧嘩

『M－1グランプリ2022』の準決勝進出が決まってから当日までの2週間弱、かもめんたるは準々決勝で披露した「モノマネ」のネタを磨いた。

『キングオブコント2013』優勝後、迷走した日々、解散が身近にあった日々、それらを経て、最新の自分たちが賞レースの最高峰『M－1グランプリ』の決勝進出を賭けて戦えるなんて。準決勝に残った組の中で、かもめんたるは余裕の最年長コンビだった。

もっと早く漫才をやっていれば……とは思わない。すべてが必要な道のりだった。演劇よりも前に漫才に手を出していたら、漫才を攻略することはできなかったに違いない。演劇を通ったことにより可能になった、かもめんたるのしゃべくり漫才。M－1への挑戦権が2年残っていただけでも御の字だ。

芸人人生最後のチャンスとばかりに、僕らはネタを改良し、ライブに掛けた。新たなくだりも生まれ、槙尾が大きく笑いをとる箇所が加わり、ネタの厚みも増した。少しでも笑いの総量を上げようと、僕は毎晩パソコンに向かい、何度も何度もネタを読み返し、まだ何か足せないかと必死になった。こんなふうに必死になって何かに打ち込める最後の機会かもしれないと思っていたので、苦しくはなく、むしろ幸せだった。

この熱量がそのまま、おもしろにつながれば、どれだけいいか。努力や費やした時間が、そのままネタのおもしろさに反映されたら、どれだけいいか。お笑いはそんなに単純なものではない。いや、すべてのエンターテインメントがそうだろう。

少しでもネタをよくしたい……というのは僕と槙尾の共通の願いだった。理想形に近づけるために、僕からの槙尾に対する要求が増していく。

次第に、槙尾の調子が悪いと感じるようになった。要求が大きすぎたのか、槙尾なりのチャレンジが失敗しているのか、せっかく近づきかけていたネタの理想形から、僕たちは遠ざかっているのがわかった。噛み合っていたはずの歯車がズレ始めた。気がつくと、準決勝当日まで数日しか残っていなかった。すごく嫌な予感がした。

準決勝3日前、ライブ前の練習で、とくに問題としていなかった箇所さえ形を崩し始める槙尾。「1回全部忘れて、こないだの準々決勝の感じでやろう！」と言いたかったが、それすらも無理そうな状態だった。槙尾は唇を尖らせ「あれ？　おかしいなぁ」と繰り返す。隣で見ていて、「おかしいなぁ」と言っているうちは無理だろうなと思ってしまった。なんでこんなことになってしまったのだろう。

「もう1個のネタにしませんか？」と、槙尾が言う。もともと準決勝用に考えていたネタはあったが、「モノマネ」のネタが調子よかったので、そのためにブラッシュアップしてきたわけだ。もう1個のネタを3日後までに調整する勇気が僕にはなかったし、弱っている槙尾の発言に流されてネタを変えるのは、負け一直線にも思えた。

とりあえず、その日のライブはそのまま「モノマネ」をやることにした。結果、それまでで一番悪い出来となった。とにかく歯車が噛み合っていない。槙尾は自然にやろうとして余計なことをしてしまう状態になっていて、僕はそれを感じ取らないようにして、それがまた不自然さに拍車をかけているような状態だった。ネタ終わりで槙尾に、「過去一番よくない出来だった」ということを、とりあえず伝えた。

こんなことなら、なんのブラッシュアップもせずに、楽しく準決勝に臨めばよかった。そんなメンタリティこそ、テレビで人気者になれない僕らに必要なノリだったのかもしれない。結局、学べない僕は同じ過ちを繰り返しているのか。今回のM－1は、お笑いの神様からの最後のプレゼントになるかもしれないと思っていたが、結局は厳しい現実からのビンタだったんじゃないだろうか。「やっぱりこの世界に向いてないのかしら……」と、あえて他人事のように考えた。でないと、辛すぎた。

ふと『M－1グランプリ』のことなんかどうでもよくなった。槙尾を見ると、また「おかしいなぁ」と首を傾げている。彼も彼で、きっと同じようにカルマ的過ちを繰り返しているんだろう。弱い二人だ。

M－1はどうでもいいが、我々のコンビ生活は続いていくし、そっちのほうがよっぽど大切だ。2年間のM－1挑戦中に、槙尾にダメ出しをしながら、「なんでこの感覚が伝わらないのだろう？」ということが多々あった。彼の個性と割り切っていたが、もしかしたらこれを機に何か変わるかもしれないかもめんたるにとって、大きな気づきを得られるチャンスだ。

僕は意を決し、私服に着替えている相方に「槙尾さぁ、ずっと『あれ、おかしいな』みたいに言ってるけど、まずはそれを実力だと認めないとダメだよ。M－1なんてどうでもいいから、これを機にもっと頑張ってくれよ」と、あえて厳しく言った。いろんなところで僕を「リスペクトしている」と言ってくれている相方だ。ショック療法かもしれないが、いつか「あのとき、ああ言ってくれてよかったです！」と言ってくれる日がくると信じていた。胸は痛んだが、それがコンビのためだと信じ、彼の目を強く見つめた。

すると槙尾は、手に持っていたネクタイを床にパーンッ！と叩きつけ、これ見よがしに肩で息をしながら「はぁはぁ……俺が、それ言われてどういう気持ちになるか考えなかったのかよ？」とすごんできた。眩暈がした。そういう気持ちになってもらってから、「だったら見てろよ！　頑張るぞ！」となってほしかったわけだから、もちろん、どういう気持ちになるかは考えていたわけで、「むしろお前こそ、俺がどういう気持ちで言ったかを考えてくれよ」というケースだ。

結局その日は、お互いを「サイコパス」呼ばわりし合って別れた。帰り道、中野を自転車で走りながら、「めちゃくちゃ喧嘩したなぁ。最新の俺たちがこれかぁ」と思ったら、笑うしかなかった。

家に帰ってから、真意が伝わらなかった以上は自分に非があると反省し、槙尾に謝罪のＬＩＮＥを送った。

槙尾からも謝罪のＬＩＮＥがきた。

次の日、新宿でのライブ前に槙尾に会うと、憑き物がとれたように、スッキリしていた。さっそくネタ合わせをすると、昨日よりも全然よくなっている。相方と楽しくネタができる。こんなにうれしいことはない。何より大切な気づきだった。

ラストイヤーの行方

『M－1グランプリ』準決勝当日、ニューピアホールというM－1の聖地と言っていいであろう会場に赴いた。ここは毎年準決勝が行われる場所で、M－1の関連動画で何度も見たことはあるが、おそらく初めて入る会場だった。初めての会場はやはりなにかと心細い。というのもあり、前年に準決勝まで進んでおきたかったのだ。そんなことを感じながら劇場入りすると、金属バットがいた。M－1の敗者復活でよく観ていたが、これが初対面で、M－1に参加している実感が湧く。漫才師たちの真剣勝負の場。そんな場所にいること自体に社会科見学のようなワクワクがあった。

定刻通り、サクサクと本番が進んでいく。なにかフワフワする。なにか気圧がおかしいような気がする。緊張なのだろうか。寂しさもある。勝てば夢はさらに広がるが、負ければ何もなし。即終了のジ・エンド。ラストイヤーだ。敗者復活戦での我々の復活は想像できない。2年という短い旅だったが、かもめんたるの漫才ロードは終わる。もう漫才もやらないだろう。

てっきり呼びに来てもらえるのかと思ったら、自分で舞台袖に行かなくてはいけないようで、ウエストランドの井口に「かもめんたるさん、何やってるんですか！」とイジられる。井口は楽しそうだ。彼はこの年、優勝する。

同じブロックの1組目、令和ロマンがバチバチにウケていた。彼らは翌年、優勝する。僕らの出番直前は真空ジェシカ。すごくウケて、この年も決勝に進む。

かもめんたるの出番になった。前の2組のようにはウケなかった。しかし、準々決勝にはなかった槙尾がシャウトする場面で大きくウケた。何日か前には、普通にネタをやることすらままならない状態だったわけで、合否はわからないが、満足ではあった。会心の出来を叩き出せなかった時点でほぼ終わりだ。こういうときは大抵落ちている。

舞台裏、楽屋に続く細い通路を歩きながら、槙尾に「とりあえず、かもめんたるでできることはやれたな」と声を掛けた。ありがたかった。実は、槙尾には言ってないが、僕は直近で改良したくだりで一カ所、リアクションをとり忘れていたところがあった。ごめん。

やっぱり、ネタの直しすぎはよくないんだ。でも、この努力がきっと笑いにつながると信じ、そうしないと負けてしまうという恐怖から、芸人は手を伸ばしてしまう。相方と喧嘩をしてまで、もうひとつ……と手を伸ばしてしまう。それなのに、本番で忘れてしまったりする。笑って楽しく、いいネタを作れたらいいのに。もしかしたら、それも可能かもしれないのに。未熟な僕は眉間に皺を寄せてしまう。あらゆる創作において、僕の永遠の課題だろう。

準決勝が終わり、結果発表までの数時間、近くのタリーズで執筆の仕事をしようと思ったが、手につくわけがなかった。何時間にもわたりエゴサをしまくり、一喜一憂していた。ネタが終わった直後は無理だと思ったが、エゴサしていたら、もしかしたらあるかも……でも無理だろうなぁ……ぐらいの気持ちになっていた。配信を観たお客さんの反応は悪くない。審査員の方々に刺さっていればあり得るし、他にもなんらかの偶然が重なってとか、とにかくなんでもいいから、どんな形でもいいから、決勝に行きたかった。

しかし、そうはならなかった……。結果は不合格。足りなかった。一気に疲れが襲ってきた。早く家に帰りたくもあったが、この悔しさを家に持ち帰りたくない気持ちもあった。その年『キングオブコント2022』で優勝し、M－1でも準決勝まで残っていたビスケットブラザーズの原田が「飲み行きませんか?」と誘ってくれた。こんな夜は笑いの話がしたかった。おかげで、悔しすぎる夜にしては十分ハッピーに過ごすことができた。原田は劇団かもめんたるの公演をいっぱい褒めてくれた。

敗者復活の望みは薄いが、一生懸命頑張るしかない。準決勝でやったネタとは別の、「なんで人間にとって一番のペットがサルじゃないんだよ!」というネタをやることにした。これはもともと準決勝でやろうと企んでいたが、「モノマネを見せてくれるおじさん」のネタが思ったよりハネたことにより封印したネタだ。

「犬や猫よりも身近なパートナーとして、まずはサルだろ!」と、僕が激しく観客とサルに訴えかけるネタは、野外で行われる敗者復活戦で激ハネする可能性があると思った。

敗者復活戦の当日、これまた社会科見学のようで、自分がM－1の敗者復活ステージに出る世界線があったのだと不思議な気持ちだった。冬のお祭りに参加しているような気分だ。クジで決まった出番順は、最後から二番目だった。生放送で家族も観てくれていたので、「緊張する〜」なんてLINEを送りながら、時間を潰した。

いよいよ出番だ。飛び出した舞台の上はびっくりするほど寒く、口が全然まわらない。こんな寒い中でずっと観ているお客さんは一体どんな防寒をしているんだろう?という雑念が湧いてくる。思うようにウケない。最後の漫才を嚙み締めながらやることになるかと予想していたが、そんな余裕はなかった。低空飛行でのフィニッシュ。かもめんたるらしい、なんともリアルな最後だった。

妻に電話すると、子供たちは、かもめんたるのネタが始まるまで他の芸人たちをちょいちょいディスりながらも笑って観ていたらしいが、いざ、かもめんたるの番になると、真剣に画面を見続け、結果、ひと笑いもしていなかったらしい。

決勝の生放送が始まり、3組目に敗者復活枠のクジが引かれると、オズワルドの勝ち抜けが発表され、彼らはスタジオのあるテレビ朝日のビルに駆け込んでいった。かもめんたるは13位だった。その場の全員でオズワルドのネタを特大スクリーンで見守り、点数の発表が終わると、敗者復活戦の会場は即座に撤収に入り、観客も芸人も帰宅を促された。「こんなにすぐ帰らされるんだ」と驚いたが、それも貴重な体験だった。

クリスマスシーズンの六本木の夜。テレビ朝日の中では日本一を賭けた熱い漫才の戦いが行われているのに、すぐ外のイルミネーション街を歩くカップルたちは、そんなことは知らずに楽しそうに歩いている。それがすごくおもしろかった。彼らが普通で正常なのだ。こっちが異常なのだ。僕はたまたま、お笑いが大好きに生まれてきて、おかげでまわりにはそんな人がたくさんいて、いい人生だ。そう思ったのだ。

笑いの原点と『キングオブコントの会』

2022年の最後は、『M－1グランプリ』の敗北ではなく、2023年2月に行われた劇団かもめんたるの公演『奇事故』の準備だった。

夏に行われたパルコプロデュースの演劇からM－1、そして劇団公演と、自分事ながらフル回転で大変だったと思うが、それがよかったのか、この『奇事故』は自分がこれまで手がけた作品の中でもトップクラスにお気に入りの作品だ。もし宇宙人が目の前に現れて「お前の力量を見てやるから、なんか作品を見せてみろ。その代わり、時間ないからひとつだけな」と言われたら、さんざん迷って『奇事故』を提出すると思う。

あらすじはこうだ。昭和XX年、催眠術のショーを観に行った小学校低学年の女子が、「自分は海賊のキャプテンである」という催眠術をかけられる。彼女が「我が名はジャック・モーガン！」と叫ぶ姿を観て、盛り上がる会場。催眠術はすぐに解かれるはずだった。しかしこの催眠術師、催眠術の力は本物なのだが、その力を使っていろんな詐欺行為に手を染めており、ショーの最中に舞台上で被害者に襲撃され、刺殺されてしまう。そのタイミングがまさに、少女が催眠術にかかっている最中だった。

催眠術が解かれなかった彼女は以降、自分を海賊のキャプテン（おじさん）だと思って人生を過ごしていく……という、悲劇であり喜劇だ。

最愛の娘を失ったとも言える気の毒な家族と、傍若無人な海賊になってしまった少女の歩む人生。それをなんとか救おうとする精神科医や少女の元担任。少女と同い年の知的障害を持った少年とその母親との出会いは、娘の心身の成長を家族に意識させ、それに喜び、苦しみ、受け入れながら、家族はユニークな愛を育んでいく。

手前味噌だが、ここであらすじを書いていても「あぁ、いい作品だったなぁ」と思ってしまう。その自信とは裏腹に、この『奇事故』は岸田國士戯曲賞にノミネートされることもなかったのだが……。

僕はやはり、出来事に対しての、光と影を、さらに、光の中にある影、影の中にある光を描くのが好きなのだ。だって、それが現実だから。自然だから。幸せの絶頂に漂う不幸の匂い、絶望の中でこそ嗅げる幸せの匂いみたいなものに惹かれる。笑いにしてもそうだ。陰のある暗い笑いが好きだ。そこに笑いがあれば、明かりが生まれ、それによりまた陰が生まれる。それが自分の笑いの原点だ。

『キングオブコントの会』という番組をご存じだろうか。2021年に第1回が放送され、松本人志さん、さまぁ～ずさん、バナナマンさんに加え、過去の『キングオブコント』で活躍した芸人たち10組が共演したコント番組だ。当時、そんな夢のような特番が放送されるのを僕はネットニュースで知った。『キングオブコント』6代目王者のかもめんたるに声はかからなかったのだ。

悲しくて恥ずかしい出来事だった。頼むからこんな特番は1回こっきりで終わってくれ、そう思いながら観た第1回の放送では、各コンビが自分たちをメインとしたネタを持ち寄り、ユニットコントをしていた。コントのセットも豪華で、内容もおそらくだいぶ自由にやらせてもらっているんだろうなというのが伝わってきて、とてもおもしろかった。自分が呼ばれていたら、どんなコントをつくっていたか、ドキドキしながら夢中で観た。

そして、翌年の3月に放送された『キングオブコントの会2022』では、歴代の王者を呼ぶというコンセプトで、無事かもめんたるにも声がかかった。そのオファーが来たのは、2021年の年末だったのだが、年が明けて2月に入った頃、槙尾から「知り合いの作家さんから聞いたんですけど、う大さん、松本さんのコントに呼ばれているらしいですよ」と言われた。そう、『キングオブコントの会』は、松本人志さんの新作コントが観られる貴重な場であった。まさか自分がその座組に呼ばれるなんて……。いくらガッツポーズをしても足りない。槙尾には「マジで？……あんまり考えないようにするわ」と答えた。プレッシャーもあるが、あの松本人志とコントができるというのは、ダウンタウンに憧れてお笑いを始めた僕にとって夢のまた夢だ。

それからしばらくして、正式に「松本さんのコントに出演依頼がきています」という報告がマネージャーからあり、数日後、台本のデータが送られてきた。

シチュエーションは、チェッカーズのコピーをやっている親父バンドが、メンバーの部屋に集まって練習をしていると、メンバーのうち一人がいつもサビの途中で穴に落ちてしまう、というものだ。たぶん意味がわからないと思う。一人のメンバーが歌の途中で穴に落下してしまうのだから。めちゃくちゃシュールだ。

落ちた先などは明言されていない。そもそも部屋に穴はない。そのメンバーは何事もなかったように部屋に戻ってくる。残されたメンバーも「その落ちるの、時間食うからやめてくれよ」というやるせないトーンで、とくに策を講じるわけでもない。シュールすぎる。僕が大好きな松っちゃんの笑いだった。数十年の時を経て、僕は自分の笑いの原点と邂逅した気分だった。

台本を読み進めながら、人生の不思議なダイナミズムを感じつつ、自分のセリフがほとんど出てこないことに気づいた。その座組の面子は、松本さんと、毎回穴に落ちるさまぁ〜ずの大竹さん、東京03の豊本さんに、シソンヌの長谷川くんと、僕だ。まぁ自分にたいしたポジションがなくてもしょうがない

と諦めながら、台本の画面をスクロールしていくと、突然、自分のセリフがたくさん出てきた……。すごい役だった。なんと、大竹さんが穴に落ちる原因は、僕が演じる役の男が、悪いとは思いながらも、サビのところで毎度「落ちろ！」と念じてしまうからだった。犯人役ということだ。これは、でかい。僕の役はドラマーで、大竹さんが歌うのを後ろから見ながら「落ちろ！」と念じてしまうイカれたキャラだった。「う大にピッタリだ！」と自分でも思った。

もしこの役をほかの芸人がやっていたら、本当に嫉妬に狂っていたと思う。そう思うと、松本さんに感謝せずにはおれなかった。笑いの神は見ていてくれたのだ。

絶対いいものにしよう。それが恩返しだ。僕は冷静に、演技プランを深めていった。自分で自分に演出をつけていった。これまでのすべての歩みは、このときのためだったに違いないとすら思えた。

人生の伏線回収

『キングオブコントの会2022』の松本人志さん作のコントの収録は午前中から行われた。「落ちる」というタイトルのコントで、チェッカーズのコピーバンドをやっている親父バンドが、メンバーのアパートの一室で練習していると、ギター担当がシャウトするタイミングで床に穴が開き、彼が落下してしまうという超絶シュールコントだ。CGを使って編集で処理されるところもあるが、落ちるところは実際に床の穴に落ちるため、セットは2階建てになっていて、松本さんもスタジオに入るなり「豪華やなぁ〜」と言うほどだった。

正直、松本さんと会うのはいつぶりだかわからないぐらいだった。これから一緒にコントをやるのだから、緊張していてもしょうがない。そう思ったが、やはり笑いの神様がスタジオに入って来た瞬間は、現場全体に緊張感が走り、改めて自分に起きていることの異常さに体が震えた。

まだコロナが収まって間もない頃で、松本さんはわざとしかめっ面で「コロナ対策とかもちゃんとできてんのぉ？」と言ったあと、緊張で硬直している僕を一瞥し、「う大なんて絶対今コロナやん」と言った。やった！　ちゃんと僕を認識してくれている！　強めにイジってもらえたことで呪縛から解き放たれた気がした。そのイジリはまさに「そんな緊張しててもしゃあないから、頼むで」と言われているようで、背中を叩かれたように気合が入った。

大丈夫だ。コントの登場人物を生きればそれでいい。自分が一番得意で、一番頑張ってきたことだ。セットに入ると、部屋の細かい美術小道具を見て、「うわぁ！　『ごっつええ感じ』の世界に入ったみたいだね！」と、シソンヌの長谷川君と盛り上がった。本当にご褒美のような仕事だと思った。『キングオブコント』で優勝しておいてよかった。

そういえば、前にもご褒美のような仕事があった。『キングオブコント』優勝の翌年、TBSの『ドリームマッチ2014夏祭り』という番組で、ロバートの秋山さんとコンビを組んでネタをやらせてもらった。お互いにアイデアを出し合い、僕が台本に起こし、そこから秋山さんがアドリブで肉づけしながらネタを完成させた。大勢の観客を前に収録が始まると、最初に舞台にいた秋山さんが、30秒ぐらい一人で見たことのないくだりをやり始め、しっかりお客さんを摑んでいた。袖で見ていた僕は、その秋山さんの強心臓な振る舞いに度肝を抜かれた。スタイルは違えど、自分もそんな姿を後進の者たちに見せていかなくてはいけないと強く心に誓った。

きっと今回の収録でも、今後の人生を左右するような体験があるに違いないと予感した。

実際にセットに入って、音響や舞台装置とのタイミングを合わせながら、軽くセリフ合わせが進んでいく。その場に合わせて、セリフにないリアクションなども発していく。まわりの出方を見つつ、リアクションが過剰にならないよう気をつけながら、それぞれがチューニングを合わせているのがわかる。まわりを見れば、松本さん、さまぁ～ずの大竹さん、東京03の豊本さんに、シソンヌの長谷川君がいる。「これはもう……俺はプロだ」と思った。コントの日本代表メンバーだ。

長いようで短かった。早稲田大学の大隈講堂の前で、夕方、サークルのメンバーたちとネタを披露し合ったのが、まるで昨日のようで、自分の力がそんなに変わったとは思わない。ただ、あれからいっぱいスベって、その何倍もいっぱいウケてきた。そんな経験のすべてが薄皮のように重なって、芸人・岩崎う大が形成されたのだろう。自分の実力はさておき、すごいところまで来たものだ。不満を言ったらバチが当たる。

ベテランのディレクターさんがサクサクと現場を仕切っていく。穴に落ちるという大仕掛けがあるぶん、そこを区切りにワンブロックずつ撮影を進めていくことになった。何ブロック目かで、演じてみると流れがややスムーズじゃない箇所があった。一旦中断となり、自然とセット脇の前室で会議が始まった。パイプ椅子で長机を囲んで、という『ごっつええ感じ』で見たことがある景色だ。放送作家の高須光聖さんもいる。ダウンタウン直撃世代としては、のぼせてしまいそうな状況だった。

松本さんと高須さんが改善案を出し合う形になった。二人が話している内容は、かもめんたるで僕らが話し合うようなことであったし、それはきっと、どんなに芸歴の浅い芸人だって話し合うような、些細で大事なことだった。笑いを創るときに大切にする感覚は、きっとどんな現場でも変わらない。どんな現場でも、ああでもないこうでもないと、暗闇の中、手探りで、必死に正解を掴まえようとする。

そんな二人の光景を見ていたら、自分も意見を言ってみたくなった。二人の話はまとまりかけていた。簡単に言うと、二人の間では、とあるやりとりをカットする方向で進んでいた。でも僕は、そのやりとりがすごく好きだったし、そこをカットしてしまうと、結局、後半また同じような不具合が生じると思ったので、そのことを伝えてみようと思った。

松本さんのお笑いは誰よりもわかっていると自負していた10代を過ぎ、お笑い芸人として歩んだ二十数年、そのすべてを懸けて「僕はここはすごくおもしろいのでカットしないほうがいいと思います」と、自信を持って提言した。そして、問題は別のところにあると思う旨を思い切って伝えた。松本さんは最後まで聞くと、「せやなぁ」と肯定してくれた。

「松っちゃん！」と、思わず抱きついてしまいたくなるくらいうれしかった。僕がお笑いを始めたきっかけを作った張本人である、ダウンタウンの松本人志が、僕の意見に賛同してくれた。人生の伏線回収が行われているかのようだった。

僕の提言は単なる指摘だったため、話は振り出しに戻ったが、演者みんなで意見を出し合い、松本さんの何回目かの「せやなぁ」が聞こえた頃、問題は解決した。その後、収録は順調に進み、後半にあった僕の見せ場も大成功に終わった。

この年の評判がよかったようで、かもめんたるは翌年の『キングオブコントの会２０２３』にも無事に呼ばれ、そこで披露した「亀教」というコントが、テレビでやった仕事の中で、自分史上最も高い評価を得た仕事になるのだった。

その後、「う大は映画を撮ったほうがいい」と松本さんが飲みの席で言ってくれたことがある。僕は「撮ります！」と答えた。だから、その約束はいつか果たしたいと思う。

笑いながら笑いを創る世界へ

僕はどうやら変わっている。奇才や鬼才と呼ばれることも多いが、自分では努力型の人間だと思っている。厄介なことに、おもしろいと感じることが世間とは少しズレていて、いつだって自分の立ち位置からはホームラン、真ん中、フェアウェイを狙っているつもりなのに、マニアックと評されてしまう不器用な人間だと。

もしかしたら、「奇人なら奇人になりきれよ！」と思う方もいるかもしれない。こちらとしてはいい加減ブレークしたいので、「あなたが望むようなものを提供したいんですよ」と素直に思っているのだが、正解を教えてくれる人はいない。誰も正解などわからないのかもしれない。やはり難しすぎる世界に僕は身を置いている。

この連載期間、約2年の間、一応締め切りは守り続けた。なかなかに忙しい時期もあったが、自分の中では毎回、満足のいくものを期限内に書いてきたつもりだ。やはり僕は努力型の真面目な人間なのだと思う。芸人が自分でそんなことを言って、何のメリットがあるんだ？　そう思われたとしても、僕にもわからない。最後に伝えたくなったのだ。

才能に溢れる人がいっぱいいるお笑い界だ。その中で、曲がりなりにも自分の小さなポジションを確保できたのは、真面目な性格のおかげだと思う。もちろん僕はスケベだし、いい加減で、ふざけた人間だ。でも、僕はネタや創作物に関してはめちゃくちゃ真面目だった。宝さがしに例えるなら、僕が見つけるネタは、みんながさんざん掘りつくして、もうそこに新しい宝なんてない、というような場所で、みんなが帰ったあと、誰にも見つからないようにコソコソ穴を掘り続けて、ようやく見つけて磨いて、「あんなところにまだ宝あったんだ?」と気味悪がられるような代物ばかりだ。

子供の頃からお笑いを観るのが大好きだった。それがプロになり、20年をゆうに超え、もう以前のように純粋にお笑いを観ることを楽しめる自分はいない。でも、お笑いを創る快感は色褪せることはない。そこに対してはいつまでも純真無垢な自分がいる。

僕は自分が作るお笑いが好きだ。自分のファンだ。これはとても幸せなことだと思う。そういられる限り、僕はこの仕事をやめないだろう。昔はもっと人の作るネタも気になっていたし、笑いのトレンドにも敏感だったと思うが、今はもう、極端な話、自分の作ったネタからインプットして、さらにアウトプットをするという自家発電的な創造のスパイラルに入っている気がする。

しかし、そんなこんなを、もういい加減やめようと思う。真面目でいることも、もうやめようと思う。ネタにはいつまでもアスリート的に向き合っていきたかったけど、その成果には限界があるかもしれないと思えてきた。自分やまわりを追い込んで作るネタには限界、つまり天井があるんじゃないかと思い始めたのだ。やっぱり、もっと先の景色が見たい。

先日、千原ジュニアさんにM－1ラストイヤーのときに起きたコンビ間の喧嘩の話をする機会があった。ジュニアさんに「でも笑いの鬼のジュニアさんなら、喧嘩になる気持ちもわかりますよね?」と振ったら、ジュニアさんは「う大、それは笑いの鬼ちゃう。ほんまの笑いの鬼は、笑いながらネタ作るはずや」と、ニヒルな表情で教えてくれた。それはまさに、僕がそんなことについて考えていたときだったので、僕はジュニアさんに「それができたら苦労しないですよ!」と返しながら、やっぱりそうなんだ!と胸中興奮していた。

真面目でいることの弊害もある。お笑いに真面目でいるというのは、自分に一番厳しいのだが、同時に他人にも厳しくなってしまうのだ。お笑いのためなんだから、身を捧げて頑張ろうよ、絶対おもしろいものになるから、最後にお客さんに笑ってもらえれば、それで全部チャラじゃん？　こういう考えは、今のハラスメント御法度の時代には合っていないのだろう。

僕にはこれまで、ネタ書き中、ネタ合わせ中、演劇作品を作っているとき、逆境に陥った瞬間ほど、真面目にストイックに頑張らなければ、笑いの神様にそっぽを向かれてしまい、笑いの才能も奪われてしまうという強迫観念のようなものがあった。でも、そんなのも、もうやめだ。もう十分頑張ったし、真面目にお笑いに打ち込めた20数年を過ごせただけで幸せだ。時は流れ、時代は変わっていく。大丈夫、費やした努力は裏切らないはずだ。

そして、このタイミングで、自分でも意味がわからないことに、バラエティ番組に出ることが、前に比べてすこぶる楽しくなっているのだ。加齢でホルモンバランスが変わったからとか、そんな理由じゃないと説明がつかない現象だと思っている。楽しめているせいか調子もいい。前までなら、収録後、ディレクターさんの目も見られず逃げるように楽屋に引き返すのが常だったが、最近はピンマイクを外しながら、ディレクターさんにアイコンタクトで「思ったよりいい感じにできましたわ」と伝えるスタイルになった。これが『キングオブコント』優勝直後にできていたら……なんて思うのは、自分の人生に失礼だろう。

『キングオブコント２０１３』優勝後、ブレイクできず、劇団活動に走り、漫画も描いて、漫才をやって、お笑いの批評をｎｏｔｅに書いて、審査員したり、いろいろやってはいるが、どれもそこそこの反応止まりで、でも、その全部が繋がって今の自分があるわけだ。お陰様で、ここ数年はそれなりに忙しい日々を送っている。家でパソコンに向かってやる仕事も多いので、家族との時間もあり、とても幸せな人生だ。昔の芸能人だったら遊びたい放題だったのだろうが、今はこんな時代で、でもそのお陰で家庭は円満で、せっかくこの時代を生きているのだから、この時代と踊ればいいじゃないか。

もう、しかめっ面でモノを創る時代じゃないんだ。そうか。僕がいつまでも眉間に皺を寄せて、お笑いを創っているから、きっと笑いの神様がこんな宇宙にしたに違いない。この僕を、笑いながら創るお笑いの世界へいざなうために。なんてこった。ならば、僕がそうやって創ったものが、より広く世界に浸透していくことを信じて、生まれ変わるしかない。

眉間に皺を寄せるのをやめたら、この世界は今よりずっとやさしく見えるかもしれない。どうぞ、期待していただきたい。僕も自分で自分に期待している。

あとがき

おつかれさまでした。いかがだったでしょう？

『難しすぎる世界が僕を鬼才と呼ぶ』

思っていた本ではなかったですか？　本当はもっとお笑いの分析みたいなものも入ってくることになるかなぁとか、自分でも思っていたんですが、結果としては、読んでいただいたようなかたちになりました。

本当に、僕の「半生」の本でしたね。お笑いが好きになって、お笑い芸人に憧れて、お笑い芸人として生き続けたくて、お笑いにかかわれていればそれでいいやと、あがきにあがいた跡を、「これはあのときにできた傷です」と、紹介していくような執筆作業でした。

「まえがき」で書いた通り、僕ってやっぱり普通だったでしょう？　普通の人間なんですよ。嘘は一切ないですからね。脚色すらもない、真のドキュメンタリーです。ドキュメンタリー大好きなんです。人を見るのが好きなんですよね。人が好きなんです。普段フィクションばかりやっているぶん、ノンフィクションで半生を振り返るのは新鮮なものでした。

改めて、作家目線で、「神様ってすごい作家だ」と思いましたね。たくさんの味わい深いシーンを僕の人生に用意してくれて、そのすべてが繋がっていて、意味がある。本当に感謝です。ありがとうございます。これからもどうぞよろしくお願いします。神様。

さて、最近のかもめんたるは、本編で紹介した様々な時期を経て、お互いのダメなところを諦め、いいところを感謝し合える関係性になっている気がします。僕も槙尾もすっかりおじさんになって、人間的にも丸くなったし、子供も大きくなってくると、ずっと一緒にいてくれる存在に感謝の気持ちが湧いてくるもんなんですね。コンビでもらえる仕事も頑張るし、個人の仕事も頑張ることで、かもめんたるが続いていけば、それでいいと思っています。幸い、ネタは絶好調だし、槙尾とはいっぱいモノを創ってきた実績もあるので、これからもそうしていきたいです。もう喧嘩はしたくないよ。

ところで、最後に書いた、楽しく笑っての創作を、実現したいなとは思っているんですが、なかなか難しいですね。やっぱり自分のアイデアが通らなかったり、うまく再現できなかったりすると、楽しむどころではなくなってしまいます。少しずつでも変わっていけたらいいと思うので、まだまだ諦めずにやっていくつもりです。

名残惜しいですが、みなさん、またどこかで会いましょう。

人生で無駄なことなんてない。

岩崎う大（鬼才）より

岩崎う大（いわさき・うだい）

1978年9月18日生まれ。東京都出身。幼少期を湘南で過ごしたあと、西東京市で暮らす。中学3年生から高校までオーストラリアへ移住。高校卒業後、早稲田大学政治経済学部政治学科入学。大学でお笑いサークルWAGEに参加、在学中の2001年にプロデビュー。2005年までWAGEとして活動したあと、2006年に槙尾ユウスケと「劇団イワサキマキヲ」を結成。2010年にコンビ名を「かもめんたる」に改名。その後『キングオブコント2013』で優勝。2015年には「劇団かもめんたる」を旗揚げ。2020年と2021年に2年連続で岸田國士戯曲賞に最終ノミネート。現在も芸人、劇作家、脚本家、演出家、漫画家など多岐にわたり活動中。

かもめんたる岩崎う大のお笑いクロニクル

難しすぎる世界が僕を鬼才と呼ぶ

発行日　2025年4月30日　初版第1刷発行

著者　岩崎う大

発行者　秋尾弘史

発行所　株式会社 扶桑社

〒105-8070　東京都港区海岸1-2-20　汐留ビルディング

電話　03-5843-8194（編集）　03-5843-8143（メールセンター）

www.fusosha.co.jp

初出　週刊SPA!　2023年5月30日・6月6日号～2025年2月11日・18日号

イラスト　斎藤潤一郎　岩崎う大

装丁・デザイン　よしまるシン

編集　おぐらりゅうじ

印刷・製本　タイヘイ株式会社　メディアプロダクツ事業部

Printed in Japan

ISBN 978-4-594-10065-0